SV

Polina Barskova
Lebende Bilder

Aus dem Russischen
von Olga Radetzkaja

Suhrkamp Verlag

Die Originalausgabe erschien 2014 unter dem Titel
Živye kartiny im Verlag Ivan Limbach, Sankt Petersburg.

Die Arbeit an der vorliegenden Übersetzung
wurde durch ein Exzellenzstipendium
des Deutschen Übersetzerfonds gefördert.

Satz: Satz-Offizin Hümmer GmbH, Waldbüttelbrunn
Druck: Pustet, Regensburg
Printed in Germany
ISBN 978-3-518-42942-6

Lebende Bilder

DER VERGEBER

I

Die Schneeflocken wuchsen und wuchsen, zuletzt sahen sie aus wie große weiße Hühner. Eines der Hühner schüttelte sich, und plötzlich war es ein kleiner Säufer mit Plastiktüte in der Hand. Aus der Tüte ragte eine Geranie.

Im Näherkommen sah der Mann dem Mädchen ins Gesicht. Ein völlig durchweichtes Gesicht, und bemalt wie für kurzsichtige Blicke aus dem Opern-Olymp: riesige Augenbrauen, riesiger Mund, schwere, mit fettem schwarzem Lidschatten vergrößerte Hundeaugen. »Ist dir auch warm genug, liebes Kind? Und suchst du vielleicht einen Bräutigam?« – »Ich bräuchte mal Feuer.« – »Und mich hat die Frau aus dem Haus gejagt. Hör zu, was ich dir sage.« Er rülpste und begann in monotonem, schaurigem Flüsterton, ohne sie anzuschauen: »Sieh hin …

Sieh hin: so sammelt der Räuber die Kraft,
Gleich stürzt er mit schwachem Flügelschlag
Geräuschlos auf die Wiese hinab
Und trinkt das frische, lebendige Blut …«

Sie, wenig verwundert, lachte: »Oho! Der reinste Tragödienchor. Ich bräuchte mal ein Streichholz? Wären Sie so liebenswürdig? Hätten Sie vielleicht zufällig?«

Es war klar, dass man Väterchen Frost nur mit exzessiver Höflichkeit beikam.

Nach drei Stunden im Schnee war die Schachtel in ihrer Jackentasche ganz welk.

»Hab ich nicht, nur eine Blume, da.«

Zerstreut und gehorsam griff sie nach dem Beutel voll Schnee und ging weiter.

Von rechts brach aus dem hellgraubraunen Himmel über ihr ein Clodt'sches Ross hervor, hoch aufgebäumt, aber schon bereit, sich zu beugen, wütend.

II

Während seine neueste Flimmerflamme, leicht verschwitzt, verschnaufte, lehnte der Professor das Gesicht ans Fenster und besann sich, entsann sich Wort für Wort (ein phänomenales Gedächtnis!):

»Nahe der Bühne stand im Durchgang ein Mann.

Kräftig gebaut, ziemlich groß, die Arme vor der Brust verschränkt.

Er war seltsam gekleidet, für die damalige Zeit – es war noch vor dem Krieg, 1913 – beinahe anstößig: Er trug einen weißen, makellos sauberen Wollpullover – ein Skifahrer, der direkt aus dem Schnee kam, und das wettergebräunte Gesicht, das leicht gelockte, mattrötliche Haar verstärkten diesen Eindruck noch; seine Augen waren hell, fast glasig, wie die eines Vogels.

Alle drängten sich an ihm vorbei, streiften ihn sogar in der Enge, und niemand ahnte, dass es Blok persönlich war, an dem er da vorbeiging.

Wie der Dichter aussah, wusste ganz Russland dank einer Fotografie, die aber nachbelichtet war: schwarze Locken, sinnlicher Mund, halbgeschlossene, schmale schwarze Augen, das Bild eines Dämons im Samtjackett mit Schillerkragen – eines Dämons zumal, der auch noch an altbekannte Opernfiguren erinnerte!«

Der Professor stellte ihn sich gern so vor, als helläugigen, wettergegerbten, unerkannten Unsichtbaren, der anders war als alle Welt erwartete.

Er fühlte sich auch selbst wie ein solcher Unsichtbarer, niemand kannte ihn und seine echte Stimme, und diese Unerkanntheit war sein Sinn und sein Trost.

III

Das Elend – die Sehnsucht – der Reiz des Archivs: das Gefühl einer Denksportaufgabe, eines Mosaiks: Als könnten sich all diese Stimmen zu einer einzigen zusammenfügen, und dann würde sich ein einheitlicher Sinn ergeben und man könnte auftauchen aus dem Nebel, in dem es weder Vergangenheit noch Zukunft gibt, nur Scham und Trübsal, Schamsal – niemand ist vergessen nichts ist vergessen – keinem ist zu helfen, und vergessen sind sie alle.

Wer bin ich denn, Charon vielleicht?

Das nächtliche Petersburg, ein Boot, ein Schwarm quirliger Ausländerinnen: »Fahren Sie uns eine Runde?« – »Eine Runde?« – »Oder sind Sie zu betrunken?« – »Hau bloß ab!« – freundlich-erstauntes Gekreisch. Als wir an Bord gehen, sehe ich neben dem Steuerrad eine riesige Flasche, fast schon Kanne. Nüchtern hat Charon Mühe: die Seelen murren.

Der Archivar setzt die Seelen von einer Akte in die nächste über, von einer, aus der sie nie jemand hören wird, in eine andere, aus der vielleicht doch irgendwer – wenigstens ganz kurz …

Der Leser wird zum Archiv, und als solches bringt er neue Leser hervor, das ist einfach Biologie, das Lesen kann niemals aufhören.

Manchmal schien es, als wäre die einzige Methode, all das wieder lesbar zu machen, es abzuschreiben wie ein Akakij Akakijewitsch, Buchstabe für Buchstabe, die Zunge eifrig gespitzt: ein Kätzchen, Lätzchen, Stiefelchen. Die verblassten Krakel nachziehen und erneuern, und dadurch den Akt des Ein- und Überschreibens selbst in die Gegenwart einschleusen.

Die verschwindenden Konjugationen-Deklinationen, Wort um Wort, wie Fett und Zucker im November. Kommas und Gedankenstriche werden blasser und straucheln, machen keinen Sinn mehr, hören auf zu atmen, zerfließen. Die Satzzeichen starben als Erste in den Blockadetagebüchern, überflüssige Zeichen wie überflüssige Menschen, ohne Bezugsschein, geflohen aus Luga und Gattschina.

Das Wichtigste ist, der Zeit standzuhalten: Die Zeit wird Druck auf dich ausüben.
Aber der Sinn der ganzen Sache ist, dass die fremde Zeit sich nicht mit der eigenen vermischt, die du zu und in dir selber trägst.

IV

Noch eine Stimme wagt sich hervor, kommt an die
Oberfläche, entfaltet sich, klingt.

Katja Lasarewa, die 1941 sechs Jahre alt wurde,
grauäugig spröde spöttisch.

Katja und ihre Mutter spielten Bouts-rimés. Die
Mutter fing an:

Ein Hungerleider geht überwintern,
Trägt statt Brot im Korb einen toten Hintern.

Katja machte weiter:

Kommt ein Hungerleider die Straße lang,
Hat die Beine voll Wasser, so schwer ist sein Gang.

Oder so:

Es wankt und schwankt der Hungerleider, hört ihr sein
                                                    Gebrumm?
»Da vorne hört die Mauer auf, da vorne fall ich um.«

Abends führten sie Scharaden auf:

»Das Erste war ein Dichter mit schwarzen Locken,
sinnlichem Mund, halbgeschlossenen, schmalen Augen, ein bildschöner Dämon im Samtjackett.

Das Zweite war Papa im langen Nachthemd: ein armer Sünder, der vom Teufel, also Mama, in der Pfanne gebraten wurde.«

Wie der Laut »a« gespielt wurde, hatte Katja Lasarewa vergessen, aber das Ganze war ein Schlitten mit einem Eimer Wasser und Marmeladengläsern für die Kascha aus der Kantine, gezogen von einem vor Hunger taumelnden Dystrophiker.

BLOK (der Dichter) – *AD* (die Hölle) – *A.* Blockade.

V

Und noch eine Stimme.

Sein Leben lang schrieb der italienische Jude Primo Levi mit der Beharrlichkeit eines taktlosen schädlichen insektoiden Irren über das Malheur, das ihm zugestoßen war.

Die peinlich berührte Weltöffentlichkeit verlieh ihm Preise und Auszeichnungen, neuerdings ging das ja leicht. Jedes Mal, wenn er einen Preis bekam, verdaute er ihn ein halbes Jahr lang, wie eine Riesenschlange, dann ließ er ein neues Buch entweichen.

Er schrieb und sprach von nichts anderem als nur davon; wenn er träumte, dann davon, wenn er in seine

kränkliche blässliche Frau eindrang, dann davon,
wenn er seiner langwierig sterbenden Mutter eine
Szene machte, dann davon.

Sich von einem Text zum nächsten zu bewegen hieß
in seinem Fall, ein Bild zu vergrößern, ein Detail zu
präzisieren:
    das Gefühl unter Folter ist weniger dies als viel-
mehr –
    es stank jetzt nicht mehr wie zwei Wochen Durch-
fall, sondern vielmehr –

Wie alle, denen Natur und Geschichte ein so gearte-
tes Timbre beschert haben, gelang es ihm nicht, sich
an den raschen Strom der Zeit zu heften, sie stieß
ihn ab und warf ihn hinaus – geradewegs in den Trep-
penschacht.
    Die peinlich berührte Weltöffentlichkeit verfügte,
das sei ein Unfall gewesen, und verlieh ihm einen weiteren Preis – für seinen eleganten und schnellen Flug,
und dafür, dass er sie von seinen Erinnerungen befreit hatte.

VI

Als das Lager befreit wurde, waren Bücher das Erste, worauf er sich stürzte, und so fielen ihm in die Hände: ein Lehrbuch der Gynäkologie, ein französisch-deutsches Wörterbuch, ein Band Tiermärchen.

Als er aber anfing, seine eigenen Bücher zu schreiben, warf ihm sein bester Freund, auch er ein Zurückgekehrter, ein Wort wie warme Spucke hin: du Vergeber!

Und wirklich, Primo wünschte den Protagonisten seiner Angstträume nicht mehr den Tod, er wollte keine Rache, wollte nicht, dass nun sie abgeführt und verschleppt würden.
Er war außerstande, nicht an sie zu denken, außerstande, nicht über sie zu schreiben, aber ihren schönen gerechten Tod herbeizusehnen hatte er nicht mehr die Kraft.
Die Märchen handelten von zauberkräftigen Tieren – Füchsen, Geiern, Schakalen und Wölfen.

VII

Die weichen alten Hände stemmten sich wütend in die Aufzugtüren. Der Vater ließ sie nicht zugehen, als wäre der Aufzug eine riesige Muschel oder ein Seeungeheuer, das es auf die saftige, zartknorpelige Andromeda abgesehen hatte, sie hinab hinab auf den Grund ziehen wollte.

Gleich würde der Vater, der sich der eigenen Launen seit jeher weder zu erwehren noch zu erinnern vermochte, sein absurdes Urteil in diese Muschelschale hineinbrüllen, und das hieß, sie würde hören, würde anhören müssen, was besser nicht in Worte gefasst worden wäre.

Jetzt wird er es sagen, und ihr Leben wird verbrennen und verfaulen und hohl werden.

Und dieser faulige herrenlose Hohlraum wird sich mit Elend füllen.

Als er seinen Rollentext endlich ausgeatmet hatte, wurde sie ganz Auge, sie sah ihm ins Gesicht, das sie kannte wie ihr eigenes, denn es war ja auch ihr eigenes Gesicht: riesige Augenbrauen, riesiger Mund, Hundeaugen, vollendete Asymmetrie – ein nachbelichtetes Foto.

Er war ihr Geheimnis, das jeder kannte, das keinen außer ihr interessierte, das als Scham in sie ausstrahlte.

Ein Geheimnis ist etwas, das man in sich trägt.

So gesehen war sie jetzt das Geheimnis des Aufzugs im Hotel Oktjabrskaja, und der brüllende Alte versuchte, sie aus dieser Verborgenheit herauszuzerren. Ein Geheimnis ist etwas, das man unsichtbar in sich trägt, und gleichzeitig bringt es einen hervor und macht einen zum Monster. Das Geheimnis ist radioaktiv.

VIII

Nie vergaß der Professor diese Verse:

Er züchtet kleine Spinnen
Die hängen überm Kopf
Die Köpfchen baumeln in der Luft
Und seltsam glänzt die blaue Spur
Im Netz des Spinnenkopfs

Er liebte seine Wiegenlieder so sehr, in der schwarzen Zeit des Todes hatten sie ihn eingesponnen (wie die Sperrballon-Spinnen über der Stadt), eingewickelt wie einen Säugling, damit er nicht das Händchen an sich legte (was wissen Sie über die Selbstmordrate während der Blockade? Tausende und Abertausende).

Sie lebten immer in ihm, diese Liedchen, wie ein Krebsgeschwür, wie eine Leibesfrucht, wie ein Kern.

Sie drängten, sie bearbeiteten ihn, wenn er sich rasierte, wenn er seine Frau belog belog, wenn er einer neuen, eifrigen kleinen Studentin erlaubte, ihn zu berühren, so dass ihr trockener rosiger Scheitel da unten vor und zurück schwang wie ein Büschel Seegras.

Und je mehr seine Liedchen ihn ausfüllten und verzehrten, desto sicherer wusste er, dass er sie niemals entweichen lassen würde.

Die Vorstellung schien ihm lächerlich und abstoßend: dass seine Verse aus ihm hervorkriechen und irgendwem zu Gesicht kommen könnten.

Dass irgendwer auf den Gedanken verfiele, sie seien zu verstehen oder nicht zu verstehen.

Dass irgendwer nicht die garstige Musik in ihnen sähe, die in keiner Weise klassifizierbaren, höchst eigentümlichen Formen und Versteinerungen, Kanten und Kluften, sondern nur das simple, gestohlene Zubehör der Zeit, die sie durchlebt hatten, die in ihnen festgefroren war.

Und dann wäre alles Sichtbare ein Druckfehler, ein Irrtum, peinlich und falsch.

»... Gedichte habe ich mein Leben lang geschrieben. Eine Sammlung mit dem Titel Gedichte erschien in der Schweiz unter dem Pseudonym Ignatij Karamow. Diese von mir nicht durchgesehene Ausgabe wimmelt jedoch von Fehlern und groben Entstellungen. Ich weise hier nur darauf hin, dass auf S. 23 zwei Strophen des Gedichts ›Die Kränkung‹ vertauscht sind.«

Die Strophen sind vertauscht, die Kränkung trübt den Blick, zwischen November und Dezember leckt sie mit langer spitzer Reptilienzunge die zarten Kommas, die vergeblichen Ausrufezeichen weg, schon im Januar ist alles leer, makellos weiß.

IX

Und ist nicht auch all dieser Kram eine Kränkung ein Fehler, das ganze Inventar jenes Winters, den man doch endlich einmal begraben müsste: wie lustig damals im Februar die Lastwagen durch die Straßen sausten und die Wickelpuppen vom Januar einsammelten.

»Blumenpflücker« nannte man sie (zum Einwickeln benutzte man leuchtend bunte Decken, die im Schnee gut zu sehen waren).

»Schneeglöckchen« sammelten sie (warum, ist klar –

es war ein Vorgeschmack auf die Wunder, die der April bereithielt).

Ein für drei Tage in die Stadt gekommener Kriegsberichterstatter, der sich für seine schöpferische und teils auch ethnographische Arbeit mit amerikanischem Dosenfleisch stärkte, legte in seinem Notizblock eine eigene Rubrik für derlei Dinge an: DER BLOCKADEWITZ.

Und tatsächlich – im Winter schienen sie alle zu lachen; das blutige Skorbutzahnfleisch lag bloß; lächelnd, mit dunklen Affengesichtern, bewegten die Dystrophiker sich durch die Stadt.

Wenn diejenigen, die überlebt hatten, die allzu schnell wieder rund und schwammig und besinnlich geworden waren, sich später trafen, schwiegen sie verschwörerisch.

Vom Winter durfte man weder sprechen noch an ihn denken.

Der Winter war ihr gemeinsames Geheimnis, wie eine perverse Tat.

X

»Ignatij Karamow« – was könnte süßer sein, als sich selbst neu zu erfinden, so von Grund auf?

Sich mit neuen Händen, Ohren, Pupillen auszustatten.

Zum Beispiel: mit weichen weißen heißen femininen starken trockenen Händen, mit großen feuchten Augen.

Aber vor allem mit einer ganz neuen Seele, makellos, ohne Karies – unberührter bläulicher Zahnschmelz.

Ignatij Karamow weiß nichts von dem niederdrückenden niemals niemals nachlassenden Elend eines zum Weiterleben verdammten Iwan Iljitsch, uhuuuh

Drinnen die unentwegt juckende muckende Erinnerung an sich selbst dort geht es um Scham dort leckst du den Teller ab weinst siehst dich verstohlen um heulst leckst weiter

Wie alle, die etwas von Lust verstehen, war der Professor empfindlich und ein wenig feige. Die Lust war immer voll kleiner Geräusche, sie hatte ihre eigene kleine Musik. Seufzer, Stöhnen, Flüstern, gespielte Bitten und Vorwürfe, unmögliche Kosenamen, Zuckungen, bestürzte Entdeckungen – lauter Luft-

blasen an der Oberfläche der eigentlichen, schreck-
lichen, so leicht zu verschreckenden Bewegung.

Er hatte einen Eidechsenhals und sehr zärtliche, sehr
dunkle Augen, die im Moment des Höhepunkts und
des Endes, wenn er die jetzige gegen die nächste, genauso blässliche und zartlippige Kandidatin tausch-
te, vollkommen leblos wurden.
Sogar seine Pupillen verdrehten sich.
Den armen anämischen Zarentöchtern und Flatter-
fliegen, die ihn umschwärmten, kam er anfangs wie
ein freundlicher kleiner alter Herr vor, aber wenn
sie erst kleben blieben, gefangen von seinem klebrigen eisigen Charme, zappelten und strampelten sie
und gaben ihm ihre lebendige Wärme.
Während er sie verschlang, flüsterte er den ver-
schlungenen Verschlingerinnen zu: »Sieh hin: so sammelt der Räuber die Kraft, Gleich stürzt er mit schwachem Flügelschlag Geräuschlos auf die Wiese hinab
Und trinkt das frische, lebendige Blut Der irren, angst-
voll bebenden Beute …«

Und sie bewegten sich auf ihm wie Seesterne See-
nelken wie zartes Seegras in steigender Flut, hin her
hin her
Dann fror er in seiner Arthritis fest, und die Bewegung der Seesterne und Wasserpflanzen wurde
schwierig.

XI

Die ins Geheimnis nicht eingeweiht waren, wunderten sich, wie begehrt er bei den jungen Mädchen war.

Schließlich lief er wie der Blechmann am Anfang der Geschichte, und seine Hände glichen inzwischen den Klauen eines Falken.

Er war gleichermaßen anziehend und lächerlich: Sowohl wenn er die Umgebung an seinem frisch erworbenen Englisch teilhaben ließ als auch wenn er wie Trümpfe eines unsauber gezinkten Kartenspiels die Namen erloschener Berühmtheiten aus dem Ärmel zog, denen er einst begegnet war und die längst von diversen Abgründen verschlungen waren.

Von außen von draußen war die Anziehungskraft dessen, was er in sich versteckt hatte, nicht zu spüren: In ihm war LEERE, eine Leere voll Zeit, ein Container.

XII

Entweichen lassen (ein Gedicht) hieß vergeben.

Vergeben und ziehen lassen, entlassen – wie aus Gefangenschaft.

Aber wem vergeben? Der eisigen Stadt? Dem eisigen Jahrhundert? Dem eisigen Sich-Selbst in diesem Jahrhundert?

Das Vergeben nahm ein ganzes Leben in Anspruch.

Das Leben wurde ein hastig verhexter Zauberkoffer: Außer der Arbeit des Vergebens passte nichts mehr hinein. Das Vergeben, ungeschickt gefaltet und geknickt, wurde fast eine Art Sehnsucht nach der Vergangenheit.

Ich versuchte immer wieder, dahinterzukommen – ein Professor mit knittrigem Haarkranz um den kahlen Scheitel, ein affektierter, feiger Mann, über den alle lachten, und sogar seine Dummchen lächelten, wenn er …

Aber in ihm lebte etwas so Eisiges:

Er hat unsere Kascha gefressen,
Alles andere ist vergessen,
Unsre Omas und Töchter schrumpfen
Zu kleinen weißen Klumpen.

Vergebung ist immer Vergebung, egal welche Geschichte du nicht vergeben kannst, eine langweilige, private, farblose, oder eine vom Kaliber eines Schwarzen Zwergs.

Der Mechanismus ist derselbe, und er funktioniert nicht mehr.

XIII

Den graubraunen weißen Abend vor zwanzig Jahren entweichen lassen, an dem du endgültig erfahren hast, dass der, aus dessen Kopf du geschlüpft bist, nass und erbärmlich, kein Interesse an dir hat?

Dass deine Vergangenheit, und damit auch deine Zukunft, dich ausgespien hat aus ihrem Munde.

Dass er, nachdem er den Operntext IL PADRE TUO einmal in den Lift gebrüllt, ihn wie ausgekotzt hatte, davon befreit war, frei von dem Namen PAD-RE PADRE.

Er dachte an eine Freiheit, von der man Lieder singt.

Bei dem Treffen, zu dem er die eigene frisch verwaiste Tochter bestellt hat, erscheint er nicht.

Aber als Trostpreis haben die Mächte des Schicksals dir ein geranientragendes Engel-Stuntdouble geschickt – damit du keine Dummheiten machst.

Die Wasser der winterlichen Fontanka sind ein erfreulicher Anblick.

Die Arbeit des Vergebens verdrängte Liebe Lust Verständnis Krankheit sie verdrängte die Sprache genauer sie bestand in der fortwährenden Produktion ihrer eigenen Sprache nur dieser

Wer der Vergebensarbeit nachgeht, ist monoglott.

»Von der Erinnerung an das Leben im belagerten Leningrad geht paradoxerweise etwas Betörendes aus«, schreibt in seinem Tagebuch ein Optikingenieur, ein strenger, genauer Beobachter, der gewiss nicht zu wahnhafter Selbsttäuschung neigt.

Weiter unten auf derselben Seite des Tagebuchs ist in reserviertem Ton von einem jungen Mädchen die Rede, einer Nachbarin, die im Herbst 1941 ihre Arbeit verlor (die Stadt sparte an Lebensmittelkarten) und bis zum Schluss um Essen bettelte, allein vergebens.

Was ist nun dieses Betörende, dieser Reiz? Eine Art Wahnsinn?

Die geistliche Betörung (die mit Trug und Torheit zu tun hat) ist die höchste Form der schmeichelhaften Täuschung, d. h. des Betrugs am Betörten. Die Kirche versteht sie als »Verletzung der menschlichen Natur durch Lüge«. Im Zustand der geistlichen Betörung glaubt der Mensch, gewisse spirituelle Höhen erklommen zu haben, bis hin zur persönlichen Heiligkeit. Dies kann mit der Überzeugung einhergehen, er stehe in Kontakt mit Engeln oder Heiligen, habe Visionen oder könne sogar Wunder vollbringen. Einem Menschen, der in geistliche Betörung verfallen ist, können »Engel« oder »Heilige« erscheinen, die in

Wirklichkeit Dämonen sind und sich nur dem Betörten gegenüber als Engel oder Heilige ausgeben. Er kann Visionen haben, die tatsächlich von Dämonen hervorgerufen wurden, oder auch gewöhnliche Halluzinationen. Im Zustand der Betörung geschieht es sehr leicht, dass der Mensch die Lüge, die aus der dämonischen Einflüsterung erwächst, für Wahrheit hält.

Für den Vergeber besteht die Betörung in der Macht, die der Abgrund, das Unheil, das Dunkel der Vergangenheit über ihn haben. Auf Russisch gibt es kein Wort für *survivor* – für den, der überlebt hat, zurückgekehrt ist.

Also versuche ich ein Wort zu erfinden, versuche das Wesen, vor allem aber den Vorgang und die Technik der Koexistenz mit der Erinnerung an das Erlebte zu formen, zu vermitteln.

Der Vergeber versucht Worte in sein Dunkel zu stopfen, wie Papierknäuel in einen nassen Schuh.

Je mehr Worte die Dunkelheit, die Nacht enthält, desto schwächer die Betörung, die von ihr ausgeht.

Doch diese Worte gehen nach innen, nicht nach außen, mit den Worten nährst du ein Ungeheuer.

Vergeber Vergröberer.

Aus etwas Kompliziertem Zartem Traumgleichem Erbärmlichem wird ein Pamphlet.

Woran erkennt man einen Vergeber?

Vergeber bleiben Vergeber bis ins Grab.

Aber die Sache mit dem Grab ist relativ – die einen haben gar keines abbekommen, die anderen verlangen auch im Grab noch, dass ihr geistiges Wachstum gefördert wird.

Der reinste P-P-Poe – Edgar Allan.

Maximow – Salzman – Gor – Woltman – Spasskaja – Tolstaja – Gneditsch …

Wie viele solche Mehr-oder-weniger-Überlebende, in deren Mitte ein solcher beschämender betörender schwarzer Batzen heimlicher Verse pulsierte, gab es noch?

Was für eine Kleinigkeit einerseits: Da hat einer ein ganzes Leben gelebt, ein ganzes Leben vor nach neben diesem schmalen Heftchen gehabt, ein ganzes Regal voller Veröffentlichungen vier Ehefrauen einen munteren Schwarm brillanter, treuloser Schüler (*a school of fish*) eine Datscha!

Doch es sei auch erwähnt, dass du dein Leben lang wusstest, und der Tod gab dir recht darin: Außer diesem schmalen Heftchen hat es nie etwas gegeben.

Es ist deine Essenz, das Einzige was von dir bleibt: deine Vergebung.

XV

Ich werde nie in die Lage kommen, dir das ins Gesicht zu sagen, darum sage ich es hier.

Wie ich es am Telefon einmal jährlich am 4. Februar sagte, wenn die breite tiefe ungeduldig wache Stimme fragte, wie geht's P-P-Polja? (Eigentlich stottert er nicht, aber manchmal stotterte er.)

Was für ein Spitzname ist das überhaupt? Nie gehört.

Die Antwort interessierte ihn nicht, er fing sofort an, mir Gedichte vorzudröhnen – ich war nicht überrascht. Was gibt es nicht alles! Den Weihnachtsmann gibt es, Jurij Gagarin gibt es, BreshnewLenin (bis ich sechs war dachte ich das sei eins)

Und diese Stimme – wie in Cocteaus Feuerroter Blume.

Eine losgelöste Stimme. So sage ich dir also, Stimme, es tut mir leid, dass das wahr ist, es tut mir leid, dass du nicht genug Phantasie hattest, um mich zu sehen.

Aber das rohe lustige triefende zuckende Stück Fleisch, das deine Gleichgültigkeit (in) mir einmal war, wird langsam grau wie ein Petersburger Morgen verstummt verlischt

Bald werde ich dir vergeben

GALERIE

Pablitos Morgenstunde

Dackel und Ente und Ziege blickten ihm gönnerhaft und fragend aus den dämmrigen kühlen Mulden des Zimmers entgegen.

Der blendend weiße Vorhang stieg und fiel im heißen weißen Wind, im Fallen verhüllte er den Rumpf des Dackels, der auf diese Weise einem warzigen Zwerg Nase im kostbaren Schlafrock glich.

Das rechte Auge wollte nicht aufgehen – es steckte fest wie bei einer invaliden Puppe.

»Da liege ich nun – ein altes Spielzeug, eine kahle Puppe mit rissigem, abgeblättertem Lack.«

Wenn der Vorhang sich hob und Sonne ins Zimmer strömte, stöhnte er, worauf die Ente sich jeweils abwandte, besorgt und beschämt.

Auf dem Schemel an seinem Lager saß eine Frau. Als sich im Nebenzimmer wieder das übertrieben gedämpfte Geflüster und Geschnatter erhob, in dem die rhetorische Frage nach dem Zustand seiner kranken Gesundheit mitschwang, winkte sie angewidert ab: Verzieht euch, hieß das, seid still. Das allmorgendliche Ritual, das Wachehalten am Körper war die tragende Säule ihres Lebens: Sie saß sehr gerade.

Selber ausgesucht sagen sie von wegen als hätte ich je eine Wahl gehabt seit meiner Kindheit frisst euer feuriges Feuer an mir euer Feuerhund das ist alles was ich weiß

Wie eine Feuerwehrmannschaft ihren wutschnaubenden Schlauch in die Flammen bohrt habe ich seit meiner Kindheit endlose Abbilder dem Hund in den Rachen gestopft Gesichter Städte irgendwelche Brüste Knie Knöchel Kolonnaden Profile Landschaften (städtische maritime dörfliche) und jede Menge Frauenkörper (mit flacher Brust mit üppigem Hintern mit hervorquellenden Geschlechtsteilen warzig mit langen Nasen)

Dieses ganze Volk habe ich zum Feuerdämon geschleppt ihm hingetreten wie man einem Drachen morgens Jungfrauen vorwirft platzen sollst du erstick dran du Scheusal. Und der Drache würgte rülpste verdaute und verlangte immer neue also wirklich ganz neue ganz andere als davor

Die Frau auf dem Schemel nahm aus einer runden roten Blechdose eine braune, sehr bittere selbstgedrehte Zigarette und zündete sie an. Wieder stöhnte er, diesmal beifällig.

»Pablito pablito«, sagte sie liebevoll hustend, »mit dir gehts bergauf, so viel steht fest, bald hast du es hinter dir.«

Üblicherweise hatte dieser Refrain eine magische Wirkung auf ihn, wie die Karte der Schatzinsel auf den Schiffsjungen Hawkins: Ein Lichtblick tat sich auf, der Vorhang hob sich und fiel. Er streckte sich, und seine vor Morgentrübsal taub gewordenen Glieder waren auf einmal wieder lebendig. Er war sehr stark.

»Pablito!«, rief einer der Spieler aus seinem Gefolge, der gerade eine kleine, schrumpelige *Blut-Orange* vertilgte. »Du bist doch so stark! Nimm dich zusammen!« (Die aufmunternden Laute, die dieser Mensch von sich gab, klangen stets fest und bestimmt, als würde er schießen oder pupsen.)

Du bist stark du bist groß du kannst alles alle laufen dir nach die Tiere das Geld die Frauen die Kritiker alle lieben dich der Himmel liebt dich der Krieg deine Inspiration kennt keine Grenzen sie wird nie versiegen
    Eres grande, eres poderoso, puedes alcanzar todo! Tu es grand!

»Du kannst alles alles kannst du. Tu es grand!«, betete die Frau und wiegte sich leise wimmernd. Aus dem linken Auge beobachtete er den sich wiegenden Kopf mit dem Silber im Haar, das manchmal schon ganz junge Menschen befällt, wie Raureif im September.

Irgendwie war er am Ende immer jünger und stärker als seine jungen Pflegerinnen, er ließ sie ergraut und mit einem Wurf riesiger, von der iberischen Sonne geröteter, wie aus rotem Lehm geformter Kinder zurück. Papizen-Mamizen, riefen ihre geschäftigen Bassstimmchen ihm nach.

Aber nie verließ er seine Frauen am Morgen.

Am Morgen war er bedürftig und notleidend, er war klein, zart, blind. Er brauchte ihre Beschwörungen, ihre Beteuerungen, ihre trockenen Hände, die ihm übers Gesicht, die Füße, den kahlen Schädel strichen. Gleich wird sie ihm Orangenspältchen in den Mund schieben, und danach wird sie ihm von einem kühlgepusteten Löffel Kaffee in den Mund träufeln. Sehr süß und sehr bitter. Er wird noch einmal stöhnen und sich auf die Seite rollen, sein Fuß wird, wie eine Python, in den mit schwarzer Seide bestickten türkischen Pantoffel gleiten. Und traurig aufstampfen.

Von Kind an hat er sich bei dieser nutzlosen Beschwörung – *nimm dich zusammen* – immer vorgestellt, wie er sich selbst hochnimmt und umschlingt und liebkost, mit riesigen, losgelöst von ihm herumfuhrwerkenden Tentakel-Armen. Widerlich!

Aus dem offenen linken Auge sieht er, was er am Vorabend fabriziert hat (nicht ohne Schaudern blickst du am Morgen auf deine nächtlichen Heldentaten):

eine enorme Tonschale, auf der ein Kentaur das vorwitzige Pimmelchen nach einem hochmütigen Luder ausstreckt; ein paar schwache, zarte Drucke – Sonne, Sand, ein Hund, ein abgehackter Kopf.

Der Kopf erinnerte ihn an den eines längst verstorbenen Freundes, der nach einer Explosion im Krieg mit einem Loch im Kopf heimgekehrt war und ihm das partout hatte zeigen wollen, aber er, Pablito, hatte sich der Vorführung des geheimnisvollen Lochs hartnäckig entzogen. Obwohl er natürlich auch neugierig war, einen Blick in den gurgelnden blutigen Krater zu werfen.

Die Neugier und das Orangenfruchtfleisch *setzten sich durch* – er griff nach einer Feder und kratzte ein Abbild des angewiderten Dackels auf ein Stück Pappe: mit einer rostigen kleinen Metallfeder, genauso eine hatte er als Kind. Damals, genau damals, als er zum ersten Mal das Profil seiner strengen Tante mit dem Dutzend verschiedener (da hast du den Schlüssel – die Verschiedenheit des Ähnlichen), wie geologische Schichten übereinanderfließender Kinne, mit der riesigen, herrlich grobporigen Nase hinkritzelte, spürte er plötzlich, wie er warm wurde und ruhig, wie die tausendäugige Trübsal den Rückzug antrat. Alles, was er hatte-konnte, zahlte er ihr als Tribut – den Haufen überrumpelter Jungfrauen, die Hundemeute, die stinkende klaffende Wunde unter dem

stinkenden Verband am Kopf des Dichters, Tausende
hingekritzelter Szenen – er musste sie produzieren,
er konnte nicht anders, der arme Graphomane: was
er nicht abbildete, fraß der graue Morgen, das Gelee
des Nichtseins.

Der Dackel, der sich stoisch geweigert hatte, der kul-
lernden Orange und dem kostbaren Pantoffel nach-
zujagen, erzählte ihm von seinen nächtlichen Schre-
cken, im Vorzimmer ging es immer lauter und ärger
zu, sein Gefolge drohte den Schlauch des Flurs zu
sprengen und herauszuquellen (oder vielmehr herein) in sein morgendliches Zimmer, wie die Einge-
weide bei Rabelais: »Tu es grand! Mamizen-papizen!«

Er fletschte die Zähne, knurrte (dieses Hundelachen
beschreiben alle einschlägigen Memoiren) und stürzte sich in den Kampf, in Begleitung seiner *mignons*.
Die Ziege Esmeralda beschwerte sich, sie kam nicht
hinterher.

Von denen, die Schiffe mit falschen Leuchtfeuern anlocken und versenken

Das Gesicht einer heulenden Frau beschreiben, ganz recht, einer heulenden, in einem finsteren Flugzeugbauch.

Das geschwollene Gesicht, die geschwollene Finsternis. Die Sitznachbarin, so eine liebe, mit lauter lieben Fältchen um den Mund, etwas ermüdet von der verzweifelten, gepressten Klage, verschwindet und kommt mit Cognac zurück. Hält das Fläschchen hin, und die Schluchzende löscht-schmilzt mit ihrer Hitze den eisigen Flacon, hick-hickst.

Der eisige Ballon, das Aquarium: Er, verlegen lächelnd, erzählte dir, wie er einmal ein überflüssiges, aber goldenes Fischlein geschenkt bekam. Alles war gut an der reizenden Gefangenen, nur atmete sie zu laut und zu reichlich.

Er war ja unglaublich sensibel: alles spürte er roch er verstand er, alles sah und hörte er. Er hörte, wie das Fischlein nachts schnell und tief atmete, wie es zu leben versuchte, indem es bis an den Rand von Wasser und Luft heraufkam. Dieses Atmen ermüdete ihn – und das Fischlein wurde zum Schenker zurückexpediert.

Folgendes dachte es bei seiner Rückkehr.

Auf unserem Lebensweg begegnen uns Menschen, die Schaden stiften. Schadensmenschen, Sturmmenschen, nach denen man nur noch die Trümmer seines Lebens besichtigen kann, unter leerem stummem Gemurmel die Verluste zählen – ein Baum hat das (frisch reparierte) Dach eingedrückt, auf dem Mittagstisch macht sich ein nasser toter Vogel mit umgeknicktem grauem Hals breit, übersät mit winzigen Glassplittern.

Dabei zerstören sie nicht um ihrer selbst willen, nicht weil sie irgendeine bittere Süße daraus ziehen, wenn die aus Karton gebauten Sperranlagen ihres Gegenübers zusammenbrechen. Ihr Lust-Interesse ist indirekter Art, es macht ihnen keinen Spaß, in das Leben des anderen einzubrechen: *Post factum* weckt der Anblick dieses zerstörten Lebens Staunen und Widerwillen bei ihnen, es läuft ihnen kalt über den Rücken.

Doch etwas in ihrem System verlangt offenbar nach Zerstörung, darauf zu verzichten steht nicht in ihrer Macht – und so blicken sie mit unbeholfenem unwiderstehlichem Erlköniglächeln aus dem Nebel hervor, verträumten nächtlichen Reitern entgegen.

Das Herannahen solcher Menschen lässt sich vorhersagen, wie das eines bösen, gefährlichen Unwetters, eines Sturms.

Kurz vor jeder außerplanmäßigen Begegnung setzte ein hektisches Flackern und Flimmern ein – hier warf jemand ein Wort hin, das absolut dir und nur dir gehörte, dort ließ ein Unbekannter in der Bank mit deiner Geste seinen Schal fallen, und bald wurde aus dem Strom eine Lawine: Portemonnaie und Schlüssel landen auf dem nassen Boden, die Zeichen verdichten sich (das zähe Anschwellen der Dunkelheit vor dem Gewitter), immer öfter blitzt dein Name in belanglosen Gesprächen auf, all dieses Nahen, diese Ahnung wächst wie ein Eitergeschwür, bis die nächste Begegnung (die exakt allen vorangegangenen gleicht) schließlich ihren akuten Katastrophencountdown beginnt.

Später dann kommen zärtliche treuliche durchsichtige langmütige Engel herabgeschwebt gestiegen gefahren und finden eine zerfledderte in alle Richtungen zerstreute Strohpuppe vor

Oje oje: ein Engel streicht sich eine Haarsträhne hinters Ohr.

Sie heben dich auf tragen dich stellen dich auf die Füße lassen dich tanzen zwingen dich zu sein.

Diesmal schüttelst du den Nebel des Nichtseins in einem Müsee ab (wo bist du nicht schon überall zu dir gekommen – im Sportstadion, am Bahnhof, auf den Bastionen der Peter-Pauls-Festung, im Nachttierhaus des Berliner Zoos …)

Im Museum schlägt dir feuchter Atem ins Gesicht, schlägt über dir zusammen: Turner.

Durchsichtig, voller Meer und Luft, aus der dir, wie die Fähnchen und Pappdeckel einer Ballettkulisse, seine Farben entgegenleuchten: gold-ocker-grau-grau-schwarz.

Ein Kampf zwischen Gold und Grau, und vor allem: wie Lava das Ganze, undurchschaubar, im Fluss, nichts steht fest, alles verändert und bewegt sich.

The Wreckers.

Die Zugrunderichter (Zerbrecher, Verbrecher, Schiffbrecher, Plünderer). An der Küste von Northumberland, in der Ferne ein Dampfschiff, 1833 oder 1834.

Im Katalog ist das Gemälde wie folgt verschlagwortet: Steine / Wind / Gefahr / Männer / Banden / Schiffe / Dampfer / Burg / Wellen / Schiffbruch.

Das trifft es – Steine-Wind-Gefahr, und unten links ein Ameisenkollektiv von Strandräubern, also Leuten, die die besagten Dampfer anlocken, in der Hoffnung, dass mit deren letztem Brüllen gute brauchbare Sachen an Land gespült werden.

Immer ist alles unscharf bei ihm, man erkennt nicht, was wo ist, als hätte er beim Malen geweint. Oder als müsste der Betrachter – jeder und immer – dies alles unter Tränen sehen. Sie leben! noch leben die Legenden von den Strandpiraten, die in Seenot geratene Schiffe mit falschen Leuchtfeuern locken –

auf Sandbänke und Riffe, ins Verderben, ihnen selbst in die Klauen, in Wind und Gefahr.

Der amerikanische Flottenoffizier a.D. John Viele hat sein Leben lang geforscht, um den Wahrheitsgehalt dieser Legenden zu überprüfen – in seinem Traktat erklärt er, nicht nur die Leuchtfeuer, sondern auch die Geschichten darüber seien trügerisch.

Einer der von ihm befragten *wreckers*, ein Strandgänger auf den Bahamas, beantwortete die Frage, ob er nachts Lichter brennen lasse, mit einem Lachen: Nein überhaupt nicht wir machen sie immer aus *for a better chance* Dunkelheit ist das beste Lockmittel.

Und doch verdankt einer weiteren Legende nach das Städtchen Nags Head in North Carolina seinen Namen ebendiesen Strandräubern mit den trügerischen Lichtern. Die Räuber sollen ihre Öllampen Rindern (oder auch Gäulen, *nags*) um den Hals gehängt und diese langsam im Nebel herumgeführt haben, immer am Wasser entlang über den nassen Sand, und damit hätten sie Kapitäne, Bootsleute, Lotsen und Schiffsjungen kirre gemacht, worauf die ihre Kähne vor Verwirrung geradewegs aufs Riff gesetzt hätten, zur Freude der gierigen Ausschlachter.

P. S.

Es ist freilich vorgekommen, dass auch wir auf unserem Lebensweg Schaden gestiftet haben.

Nasse, riesige Ochsenhälse, nasse, riesige Schiffs-rümpfe, braune violette Nebelschlieren, Schreie, Stöh-nen, Flüche, Beteuerungen – wovon?

Immer noch gehst du am Meer entlang, immer noch wartest du, dass das Wetter-Schicksal dir dich selbst vor die Füße spült: feucht, frisch, blitzblank neu und stark. Aber stattdessen schiebt es dir immer wieder fremde Sachen zu.

Angestrengt wühlst du in den Gebeinen, im Ge-rümpel, in Plunder und Pracht des von dir zerstörten Lebens – nein, danke, wir brauchen nichts Fremdes.

Durch Tränen der Scham und Wut betrachtest du das liebe, leicht schnurrbärtige Gesicht deiner Sitznach-barin, und dann schläfst du, zuckend und schnau-fend, den ganzen zehnstündigen Flug über an ihrer fremden Schulter.

Gorky in Lowell

Für Katja Kapowitsch

Ich kam spätabends in der Stadt an, draußen schneite es, ich ließ mich aufs Hotelbett fallen und schaltete den Fernseher ein. Dort machte ein Polizistenpärchen (er ein schweigsamer weißer Witwer mit kurzgeschorenem Quadratschädel, sie eine beidhändig schießende furiose Latina), dessen analytische Fähigkeiten denen eines Arsène Lupin mitsamt seinem D. in nichts nachstanden, in den weich verschneiten Straßen von Lower Manhattan Jagd auf manische Triebtäter. Für jedes der schwindelerregend verwickelten und bösartigen Verbrechen brauchten die beiden Freunde exakt zwanzig Minuten. Egal wie verheerend die Lage zum Beispiel in der sechsten Minute schien, eine Viertelstunde später triumphierten Scharfsinn und Gerechtigkeit – das sagte mir sehr zu, also sah ich mir in einem Rutsch fünf Folgen an.

Am nächsten Morgen schneite es immer noch, und ich lief durch den Schnee an einem verlassenen Kanal entlang, auf dem Weg zum Auditorium. In dieselbe Richtung tippelten Männer in billigen Abendanzügen und gleißende Vogel-Frauen. Natürlich, schließlich schrieb das Merkblatt für die Zeremonie eine dem Anlass entsprechende Aufmachung vor – Sonntagsstaat, adrett und festlich. Vor mir stöckelte eine gealterte puertorikanische Schöne im smaragdgrünen Paillettenkleid übers Eis, das jemand mit bräunlicher, menstruationsblutfarbener Sojasoße aufzutauen versucht hatte; vor einer Schneewehe blieb sie lange reglos stehen, sie zögerte, ihren Stiletto darin zu versenken. Stich zu, mein Engel! – ich verging fast hinter ihr, ich wollte in das frische Trittloch in der Eiskruste steigen. Nachdem wir das Auditorium erklommen hatten, wurden wir sortiert und in zwei Töpfchen verlesen – die Familienmitglieder zum Fotografieren auf die Galerie, die neu zu Bekehrenden in verschiedene Areale im Parkett, von wo aus sie umgehend ihre Angehörigen fotografierten, die sie von der Galerie aus fotografierten.

Auf die Bühne trat ein Zeremonienmeister, der strahlend erklärte, der Richter verspäte sich etwas, und wir sollten uns keine Sorgen machen. Das taten wir auch nicht. Ich las in Jefim Etkinds klassischem Werk »Übersetzung und Poesie«, in dem der Autor davon berichtet, wie er sich Zutritt zum Archiv von Michail Losinskij verschafft und dort auf »sorgfältig exzerpierte und stellenweise kommentierte Äußerungen von Marx und Engels zu Dante und seinem Poem« stößt. Ich stellte mir den dicken, elegischen genialen Übersetzer Losinskij vor, wie er seine Marx-Zitate auf spezielle Karteikarten schrieb und mit masochistischer Ergriffenheit in eine eigene Mappe steckte, und den dürren, nervösen genialen Etkind, wie er diese Mappe mit sadistischer Ergriffenheit entdeckte und beschrieb.

So amüsierte ich mich also, und nebenbei zog ich von Zeit zu Zeit ein Stück Schokolade aus der Tasche, während mein ebenso unbesorgter Sitznachbar ohne die geringste Bewegung dasaß – selbst wenn ich abwechselnd mein Buch, dann meinen Mantel, dann Schokokrümel auf ihn regnen ließ. Das Warten dauerte an die drei Stunden, mehrmals rannten ein paar kleine Soldaten auf die weitläufige Bühne und führten einen Stepptanz auf: Sie waren nicht besonders gut und kamen öfter aus dem Takt, vergaßen aber nicht, im rhythmisch spannungsreichsten Moment jeweils zu rufen: »Herzlichen Glückwunsch, o ihr Neubürger!« Der Wartesaal reagierte mit dankbaren Beifallsstürmen. Dann endlich trat der strubbelige, gutmütige Richter auf die Bühne, befahl uns aufzustehen und unseren Eid abzulegen.

»Ich, dieunddie, sage mich rückhaltlos und umfassend von jedem früheren Fürsten oder Potentaten los und schwöre ihm ab«, sprach ich (dieunddie) mit steifen Lippen.

Da mir dank meiner naiven diplomatischen Doppelzüngigkeit bisher niemand meinen alten Pass und das Besuchsrecht im anderen Land entzogen hatte, waren die Worte vom verschmähten Fürsten-Potentaten eine bloße Wolkenbank, etwas wie die Kanäle der Stadt Lowell, die ihre eigentliche Funktion schon vor hundert Jahren eingebüßt hatten – eine leere, geräumige Formel; und doch hatte entweder ich sie ins Herz geschlossen oder sie mich, denn ich konnte nicht aufhören, diese frappierenden Worte zu wiederholen: abjure abjure

Der Richter forderte uns auf, unseren Sitznachbarn zu ihrer Metamorphose zu gratulieren, der Ölgötze und ich drehten uns zueinander – mit dem ganzen Rumpf, wie zwei starrhalsige Wölfe – und sahen uns an, und da mein Chinese gar nicht daran dachte zu lächeln oder etwas zu sagen, hielt auch ich das nicht für nötig, wir nickten einander streng zu (»na dann!«), spiegelten uns auf diese Weise, und damit gingen wir auseinander.

Ich steckte die von einem düster dreinblickenden Schüler überreichte amerikanische Papierfahne am splittrigen Stöckchen und die Einbürgerungsurkunde in die Tasche und ging einen Kaffee trinken. Offenbar war ich nicht die Erste, die auf diese Idee kam, denn die Kellnerin fragte mich teilnahmsvoll:

»Eingebürgert worden? Und, hat sich was verändert?«

Ich lächelte kläglich und suchte nach einer passenden feierlichen Antwort, aber sie sprach gleich weiter:

»Ich habe neulich zum ersten Mal geheiratet, und jetzt frage ich mich dauernd – was hat sich eigentlich verändert?«

Sie war um die sechzig und trug einen kleinen, kürbisstielförmigen grauen Haarknoten genau von der Sorte, für die der Schriftsteller Dostojewskij eine solche Schwäche hatte.

Bis zur Abfahrt meines Zuges hatte ich noch zwei Stunden totzuschlagen. Meist greife ich dafür auf eine gnadenlose, aber bewährte Methode zurück – ich gehe ins örtliche Kunstmuseum. Ein Kunstmuseum gibt es, wie die Erfahrung zeigt, überall, jede Kleinstadt besitzt ein Leichenschauhaus, eine Bank und ein Museum, und in jedem Museum wartet irgendeine abgegriffene Postkarte auf mich, das blasse (oder umgekehrt ganz und gar dunkle) Abbild eines Schatzes. Undenkbar, dass Lowell eine Ausnahme war!

Ich machte mich auf die Suche nach meinem Museum, folgte Kanälen, in deren braunem Wasser geschmolzener Schnee schwamm, passierte Backsteingebäude mit vernagelten Fenstern, überquerte Straßenbahngleise. Mein Weg glich, so läppisch und rührselig-reduktionistisch einem dieser mnemonische Move auch vorkommen mag, zum Verwechseln einem Spazier-/Phantasiergang, sagen wir, am Obwodnyj-Kanal, in Richtung, sagen wir, des Krasnyj-Treugolnik-Werks am Ende des Winters – im Mai. Als ich das letzte Mal an dieser Fabrik vorbeikam, gab ich einer Regung meines Herzens nach und betrat den Verkaufsraum, wo – was sonst – Gummistiefel und Galoschen (für Krokodilkinder namens Totoscha) angeboten wurden, allerdings bedruckt mit Reproduktionen großer Künstler. Von einer Galosche schielte Kramskojs leicht versaute *Unbekannte*

herauf, auf einem anderen Paar zwinkerten Kandins-
kys blicklose *paysans*, auf einem dritten drehten sich
die grausigen Windmühlen van Goghs ... Es hätte
übermenschlicher Kräfte bedurft, um der Verlockung
zu widerstehen, und ich hatte mich schon fast zum
Kauf eines Paars Landschaftsgaloschen entschlossen,
auf dem in doppelter Ausführung ein rostfarbener
Teich des launischen Lümmels Levitan prangte, als
eine keifende, kreischende Furie – »nicht anprobieren! du machst sie bloß dreckig! kauf sie gefälligst
aus dem Kopf!« – mich in die Flucht schlug, und
ich floh zurück an den eisigen Kanal.

Nach mehreren Lektionen in dialektischer Topographie mit den schläfrigen Ureinwohnern von Lowell
gelang es mir, die einzige alte Frau mit Dackel in
Bommelmütze zu ermitteln, die um das Geheimnis
des Museums wusste, eines blassblauen Holzgebäu-
des gegenüber vom Parkhaus. Ich umkreiste es viermal, entdeckte schließlich eine funktionstüchtige
Eingangstür und riss sie auf – zur Entgeisterung
der drinnen auf dem Boden sitzenden Schülerin mit
Kopfhörern auf den Ohren. Sie bekam ihren Dollar,
und ich stürmte vorwärts zur Dauerausstellung.

Selbige bestand aus mehreren Abbildungen Lowells
in seiner kraftstrotzenden Jugend und am Höhepunkt
seiner industriellen Macht (im Jahr 1850 ratterten hier
mehr Webstühle als im ganzen riesigen Rest von Ame-

rika zusammen) sowie einigen mondbeschienenen, trüben Landschaftsbildern einer einheimischen Berühmtheit (der Ärmste genierte sich so für seine Verbindung zu dem feister werdenden, webstuhlratternden Lowell, dass er im Kirchenbuch als Geburtsort ein erlogenes Sankt Petersburg, Russland, angab). Die Schülerin lud mich brav ein, mich in den zweiten Stock zu begeben – zur Fortsetzung des Rundgangs durch unsere Sammlung.

Im zweiten Stock war es ungeheizt und sehr sonnig.

Die temporäre Ausstellung. An den Wänden loderten und waberten und glommen Bilder und Fotografien des Künstlers in seiner Jugend. Allerdings hatte der Selbstmörder es auch nie über die Jugend hinaus gebracht.

In seinem Abschiedsbrief – sogar hier kultivierte er sein Image als exotischer radebrechender Märtyrer – schrieb Arshile Gorky:

»Lebt wohl, meine Geliebsten.«

Natürlich hieß er nicht Arshile und schon gar nicht Gorky.

Er hieß, wie sich herausstellte.

Er hieß, wie ich erst an diesem Tag erfuhr, so wie du – es war das zweite Mal, dass mir jemand mit diesem Namen begegnete.

Nur hier natürlich in lateinischer Schrift, und durch

die Transkription aus dem Armenischen mit leicht veränderten Konturen – am Ende stand ein g –, aber da ich diesen Namen mein halbes Leben lang in mir getragen hatte wie ein Veteran einen stinkigen schleimigen Granatsplitter in den Eingeweiden, musste ich lachen, als ich ihn auf einmal wieder außerhalb von mir antraf.

Und es war wohl auch nicht nur der Name: Von einem der Fotos blickte mir ein unvergessliches langes, ich würde sogar sagen langwieriges Gesicht entgegen. Bei unserer ersten Begegnung hatte ich dich so angeschaut, dass du nervös wurdest und mich um meinen Taschenspiegel batest, und beim Leichenschmaus weinte dein Schwiegervater und rief in einem fort: »Ein Gesicht hatte er – verdammte Scheiße, mit so einem Gesicht muss man einfach früh sterben!«

Ich dachte noch ein bisschen nach, dann fiel mir ein, dass heute dein Geburtstag war: na, das feiern wir jetzt.

(Als du verunglückt bist, wurde ich, damit ich nicht Hand an mich legte, in ein Haus am Fluss in Sibirien geschickt, unter die Aufsicht meiner strengen leidgeprüften Tanten; ich war neunzehn und hatte Kraft für zehn Leben im Leib, und genauso viel Wut auf dich, weil ich alle diese zehn Leben für nichts und wieder nichts würde leben müssen. Den ganzen August über ging ich immer wieder an den schwarzen Fluss, um deinen Namen aus mir herauszuschreien.)

Arshile Gorkys Entschluss, ein Gorky zu werden, erscheint mir als triumphal-fatale Versteckspiel-Strategie, wie jede Umsiedlung, jede Flucht es ist: wen ich finde – selber schuld, wen ich finde – gar nicht schuld, wen ich finde – keiner schuld. Das muss man erst mal fertigbringen – als Pseudonym ein Pseudonym zu wählen, eine vielsagende Geschmacksbezeichnung, die man dann in einer Welt trägt, wo sie nach nichts schmeckt – »Gorrrki«, gurrte die Schülerin, die für einen Augenblick den Kopf unter ihrem Kopfhörer hervorstreckte wie eine Schildkröte oder Schnecke. Weder ein Hauch von Rattengift lag in diesen Lauten noch die Empathie des Marxisten noch ein Nachklang des schamlosen Küss-Befehls an ein verwirrtes Brautpaar. Wie sein Namensgeber war auch Arshile ein sentimentaler kindischer Mensch, der ein Leben lang seiner während der türkischen Saturnalien verhungerten Mutter nachheulte – die ältere Schwester hatten sie direkt vor den Augen des empfindsamen Knaben in Stücke gerissen. All das hat, gut möglich, Spuren hinterlassen: seine Meisterwerke bestehen, jenseits des dutzendfach wiederholten Selbstporträts mit der Mutter als runzliger Niobe, aus abstrakten Farbverläufen, die weiblichen Kadavern gleichen, verschwommen vor Begehren oder Überdruss (Aktmodelle, Malerinnen, Journalistinnen, Schauspielerinnen, Kunsthistorikerinnen haben in seinen Bildern hier einen Pantoffel, dort ein Händchen oder eine Brust zurückgelassen – die Gesichter waren ihm zu fad).

Sein Tod war, wie es häufig vorkommt, eine Folge von Müdigkeit.

Eigentlich lief alles bestens: Ausstellungen im MOMA, Freundschaft mit Breton, Geburt seiner dunkelköpfigen, käfergleichen Töchter, denen er regelmäßig neue Namen gab.

Alle (seine Frauen, seine Wohltäterinnen, deren Gatten) putzten ihn herunter, duldeten ihn aber, und auch er war duldsam.

Eines kühlen Frühlings aber ging etwas schief. Erst bekam er eine Prostatakrebs-Diagnose (mahnendes Höllenfeuer bricht büschelweise unter der Bühne hervor, dazu Takte aus Don Giovanni), dann wurde die Diagnose widerrufen, und der Glückspilz, der sich zur Feier des Tages betrunken hatte, baute einen Autounfall, der ihm den rechten Arm und die Halswirbel in Stücke riss. Man setzte ihm eine Gipsklammer auf den Nacken, dem Arm wurde Lähmung prophezeit.

Arshile Gorky riss seine Gipsrüstung auf, fertigte mit der heilen linken Hand eine andere Art Klammer und brachte damit die Schaffensphase zum Abschluss.

An diesem Punkt musste auch ich schleunigst zum Zug. Nehmen wir also Abschied. Ich betrachtete lange (wie im Kino) einen Stierkopf, den man auch als Straßenbahn deuten konnte. Der Rückweg, spiegelverkehrt, bestärkte mich nur im Gefühl, dass die verlassenen Fabrikgebäude, die Kanäle, die Kirche etwas Klebrig-Sentimentales hatten. Im Traum wird dir bewusst, dass du diesen Traum schon einmal hattest und dass du auch dieses Bewusstsein nur träumst.

Wie süß ist es zu wissen, dass du nichts weißt, nichts weißt von der Zukunft, aber jetzt weißt du von der Zukunft zumindest eines: in diese Stadt kommst du nie mehr zurück.

MODERN TALKING

Ein mit Arbeit vermüllter Tag.

In dieser trüben warmen Suppe, unter der Oberfläche, blitzen Sonnenflecken.

Was ist das?

Du selbst bist das, du-von-Kopf-bis-Fuß, du-damals, die zu dir-heute nur lichtfleckförmig durchdringt.

Graublaue Schwarzbeerbüsche sind es, in einem Wald aus leichten Kiefernmasten, der Wald steht oben offen, hilflos: jemand hat den Deckel abgenommen (und verloren, er ist weggerollt), wie von einer Alukanne, und kalte Sonne eingefüllt.

Gleißendes Licht fließt über die kleinen, insektengleichen hellen Beeren. Du findest sie tastend. Ertastest sie. Sie starren hervor wie harte, glänzende, lustige Zecken an einem Hundebauch. Beeren gibt es hier unzählige, graublaue Gestirne, die sich im erdnahen Schatten verlieren. Du grinst hinüber zu deiner Pionierfreundin Tanja – tiefblaue Lippen, violettes Zahnfleisch, lila Zunge, Zähne wie schwarze Perlen. In den Himbeeren ächzt es und kracht: Das ist die korpulente Gruppenleiterin. Die rachsüchtigen Himbeersträucher wehren sich, sie stechen. Die Leiterin heißt Hera. Zur Bettzeit verkündest du – großgezo-

gen mit den griechischen Sagen, in der bis zur Un-
kenntlichkeit flachgepressten und getrockneten Fassung des pedantischen Kun – mit anbiedernder Arro-
ganz (die Mischung beherrschst du von klein auf),
Hera sei eine kriegerische Göttin. Der schnurrbärti-
gen Göttin schmeichelt das, sie gerät in Wallung.

Vierzig Sonnenhütchen schaukeln in den Schwarzbeerbüschen, wie ein Schwarm Quallen im sonnigen
Wasser.

In einer Waldschneise, zwischen dichten, durch-
sichtig-flammenden Weidenröschen sitzt ein Mensch
namens Andrej im heißen Gras. Wer er ist? Das wusste man schon damals nicht, und heute ist es vollends
untergegangen – ohne eine Spur.

Man kann etwas gleichzeitig nicht mehr wissen und
nicht vergessen haben.

Der Mensch namens Andrej war dem Lager zugelau-
fen. Ein Zugelaufener, Zurückgebliebener. Man be-
hielt ihn da für die Schmutzarbeit, für den Notfall.
Müll wegbringen, Gerümpel reparieren. Er sitzt im
Gras, kneift die Augen zu, hält die Hand vors Gesicht, gegen die Sonne. Damit ich dich besser sehen
kann, mein Kind.

Du erinnerst dich weder an ein Gesicht noch an eine Stimme noch an eine Silhouette, nur an die grandiose Peinlichkeit deiner Lage. Alle wissen, dass der Lagertrottel in dich verliebt ist, der Dahergelaufene. Das ist so unglaublich armselig, dass es keinem in den Sinn kommt, dich zu hänseln. Alle haben Verständnis. Er folgt dir auf Schritt und Tritt, lässt dich nicht aus den Augen. Entlang der gischtgesäumten Küsten seiner Insel folgte Caliban, ruhelos vor Verlangen, Prinzessin Miranda, und hier und da schenkte er ihr etwas Schönes: Wasserpflanzen, Treibholz, flaumige Schilfrohrpfeifen. Im Gegenzug brachte sie ihm das Sprechen bei – füllte sein Sinnen und Trachten mit ganz neuen Wörtern, auf dass er nur noch bitterer erkannte: nie würde sie sich ihm zuwenden.

In den Schwarzbeersträuchern ist der Mensch Andrej jetzt furchtbar beschäftigt. Er streift die kleinen Beeren von den Zweigen und schüttet sie dir in die Hand. Ein Ritual: er bewirtet dich, verwöhnt dich, verfolgt angespannt, mit strenger Besitzermiene, wie du schluckst. Wenn dir Beeren aus der Hand fallen, sammelt er sie auf und zerdrückt sie dabei halb. Du wartest huldvoll und vergehst fast.

Du verscheuchst die gewaltigen Mücken der Karelischen Landenge. Die achtjährige Gebieterin eines Trottels. Weder an sein Gesicht erinnere ich mich noch an seine Silhouette. Nur vage – er hatte Locken. Natürlich nicht solche wie du. Ein paar dürre, scheckige Strähnen standen da zu Berge. Deine Locken dagegen waren wie brennende Pflaumen. Grau fast, graublau. Er betrachtete sie staunend. *Miranda* – die Staunenswerte. Ich erinnere mich, wie dieser staunende Blick sich anfühlte. Ich erinnere mich an schmutzige Hände voll erstickter Beeren. Ich erinnere mich, wie er mir schattengleich folgte – ich erinnere mich an seinen Schatten. Auf den Schwarzbeerbüschen, dem glühend heißen Gras.

Die Beeren rieseln durch die Finger, er lächelt gequält. Dann zeigt er mit dem Finger auf deine Haare, und du erklärst huldvoll, mit tiefer Kinderstimme: Locken. Ich habe Locken. Locken bringen Glück (ein Spruch deiner weinerlichen Großmutter). Er – gehorsam, devot – sammelt die Worte auf, die du fallenlässt.

Nach dem Elterntag, der den Sommer in zwei Teile schnitt, ließ ein Discoabend das Pionierlager erzittern. Die Jüngsten durften für eine halbe Stunde hin, zwecks Schockwirkung, über der sie vergessen sollten, dass die Eltern, deren Kirsch- und Erdbeermitbringsel den nervösen Sprösslingen Durchfall und nächtliche Verzweiflung beschert hatten, wieder in die Stadt zurückgekehrt waren. Genau in der Mitte des Raums stand ein kleiner Fernseher, aus dem die unirdischen Klänge des Vokal- und Instrumentalensembles *Modern Talking* drangen.

Die geschlechtslosen Figürchen, aus heutiger Sicht den Somow'schen Marquisen verwandt (Locken bis zur Taille, golden und silbern, Stiefeletten und Absätze aus Kristall), rufen wieder und wieder: Du bist meine Seele, du bist mein Herz! Mit kristallenen Countertenorstimmen sangen die engelhaften *castrati* von erhabenen Dingen, und dabei waren sie ganz umflossen, gezuckert und gespornt mit Paradiesasche, Discokugelblitzen, Kokainraureif. Doch das ist von hier aus erkennbar; damals fanden die achtjährigen Pygmäen und Pygmäinnen, die im Gefolge der finsteren Erzieherin wie ein strenges Bächlein an ihren zuckenden, sich windenden älteren Kameraden vorbeiströmten, all das nur seltsam und feierlich.

Am Ende wird das Kleingemüse aus dem Klub in die enge Julinacht hinausgescheucht, und Tanja und ich wandern verzaubert bettwärts. Der Mensch Andrej, der als stinkende Kreatur zu einem Discoabend natürlich keinen Zutritt hat, geht hinter uns her. Keine Sekunde ließ er dich aus den Augen, dein trübseliger Leibwächter. »Lockenkopf, bist du da?«, tönt es aus dem Dunkeln, »Lockenkopf, bist du da?« Tanja geht diese selig-sinnlose Wiederholung auf die Nerven, sie ist mit einem Ganymed aus der älteren Gruppe beschäftigt, wie sie dir hitzig flüsternd klarzumachen versucht. Du verstehst ihre Aufregung nicht ganz, hörst aber aufmerksam zu, während Andrejs Rufe dir nur klar und beruhigend klingen. (Und tönt des Wächters Stimme in der Nacht …)

So streifte er am Saum jenes Sommers, an diesem verwaisten, tapferen Pionierlagerleben entlang, dein Hirte und Zerberus mit den elenden schmutzigen Händen. Juni, Juli, August.

Dann kam, wie es sich gehört, die Entlarvungsszene. Ein wachsamer Vater war bei einem Besuch außer der Reihe dahintergekommen, dass die Jungpioniergruppe völlig verseucht war, einerseits mit Läusen und andererseits mit einem dahergelaufenen Menschen namens Andrej, der mittlerweile ganz offen auf ein paar flachgedrückten Pappkartons im Flur ihrer grauen Holzbaracke kampierte. Den Parasiten wurde der Kampf angesagt.

Das Tschilpen der eiskalten Schere im Nacken und das kitzlige, leichte Gefühl – da fallen sie, die toten Haare voll lebendiger Kreaturen. Die Erzieherin Hera sah trübselig zu, wie ihre vierzig Schützlinge sich in Glatzköpfe verwandelten. Draußen auf der Treppe liefst du direkt deinen pünktlich herbeigeeilten Eltern in die Arme, und sie küssten interessiert deinen neuen, zarten Mondkopf mit den neuen, zarten Kratern darauf.

Aus dem Augenwinkel sahst du in der Ferne, gerahmt von Gips-Pionieren mit erhobenen Fanfaren, den Rücken des Menschen Andrej entschwinden. Da plötzlich – wie im Kinokitsch der Erinnerung nicht anders zu erwarten – bleibt er stehen, dreht sich um, zögert. Angewidert mustert er dich in deiner neuen, von Läusen und von ihm gesäuberten und entfremdeten Gestalt. Eine lockenlose, demnach nicht mehr vom Glück geliebte Gestalt, der kein staunender Sklavenblick mehr zusteht. Diese ganze Szene der Entzauberung, des abfallenden Banns dauert nur sehr kurz. Du verlässt die schäbige Wohnstatt, an die elterlichen kleinen Finger geklammert – nehmt mich mit, bringt mich weg hier, weg von den genormten Fanfarenbläsern, zurück in die rauschende dämmrige Stadt, die Stadt des Vergessens.

Von hier aus: Schwarzbeerbüsche im strömenden, strahlenden Licht, lila Hände, die Beeren in einen Kindermund fallenlassen, du als Lockenkopf, deine verlausten Locken, die klingend zu Boden fallen, die halbseidenen Falsettstimmen: *du bist mein Herz, du bist meine Seele.* Der zugelaufene Mensch schnuppert an der besonnten, brennenden Blüte deines Kopfes, du schnupperst an seinen nach Hundefell riechenden Händen (neulich, nach einer nicht sehr gelungenen Lesung, wurde ein heiserer alter Herr ganz gefühlvoll: »Besonders berührt hat mich, dass Sie in Ihren Gedichten das Wort ›schnuppern‹ verwenden.«)

In diesen Überbleibseln, den wenigen Schnipseln, an die ich eben noch herankomme, liegt keine Bangigkeit, kein Ekel, kein Sinn, kein Bedauern. Beinah Glückseligkeit.

EINE ULJANOWA IM AUGUST

Für Mila Nasyrowa

Ich habe große Lust, die Geschichte eines normalen russischen Menschen zu erzählen, eines Großstadtmenschen von heute. Keines Europäers, einfach eines ganz normalen Menschen … Sonst riskiert man, dass die Einzelheiten, die ja zutiefst russisch sein können, den Zuschauer zu sehr ablenken … Ich habe angefangen, meinen Text zu universalisieren … Ich schreibe auf Russisch und für einen russischen Leser, in der Annahme, dass der russische Leser genauso ein normaler Mensch ist wie ich.

Jewgeni Grischkowez

Großmutters Welt – Kropotkinstraße

Ein Acetatkleidchen, tote und tödliche Seide, als würdest du eine Plastiktüte anziehen, du schwitzt und riechst folglich nach Fuchs (genau das waren die Worte deines pingeligen Stiefvaters: Du riechst schon wieder nach Fuchs, meine Liebe). Letztes Jahr war es ein blaues gepunktetes, dieses Jahr ein teerosenfarbenes mit Gouache-Explosionen und Aquarell-Schlieren.

Deine gerührte Großmutter, zungenschnalzend und seufzend, händigt deiner Mutter einen Zehner aus, und ihr fahrt ins Kaufhaus Detskij Mir, die diesjährige Sommertrophäe aussuchen. Die an Stangen aufge-

63

reihten Kleider aus leblosen, luftundurchlässigen Stoffen schlagen lockend mit den Flügelchen, rascheln leidvoll.

Sie hängen da wie Larven kurz vorm Schlüpfen – deine Mutter, ganz verarmte Königin, Königin im Exil, schiebt sie mit den fixen spitzen Affenfingern der Schönheit an sich vorbei und sagt missbilligend, vorwurfsvoll: Na gut, am ehesten vielleicht das.

So wählte die Tochter der Herodias als Abendunterhaltung schließlich eine Tanzaufführung und den Kopf eines missmutigen Fremdlings: »Na gut, am ehesten vielleicht das«, bestimmte sie stirnrunzelnd.

Das Gewand wurde von seinem Metall-Streckbügel befreit und mit angehaltenem Atem zur Kasse getragen. Zurück in der Kropotkinstraße probiertest du es an, vor deiner begeistert seufzenden Großmutter, der Tante und dem Cousin, einem eigenartigen Jungen, der dir die Verlockungen der Astronomie und Botanik nahebrachte und im Halbdunkel seines staubigen Zimmers von den großen Reisenden erzählte. Während er, mit den zu langen Armen rudernd, im Zimmer herumlief und brüllend seine Vorträge hielt, lagst du mit angestrengt zugekniffenen Augen da, manchmal batest du ihn, kurz still zu sein, damit du das Gesagte überdenken konntest; im Überdenken schliefst du oft ein, und er saß stumm daneben und wartete.

Dann kam dich der zweite Cousin abholen, ein Schwimmer (Butterfly) und glitzernder Harlekin, der sich über alles lustig machte, er nahm dich bei der Hand und ihr ranntet INS ZENTRUM, du kamst kaum hinterher, er lachte, während der erste Cousin in seinem staubigen Zimmer blieb, mit den botanischen Atlanten, die sein jungfräuliches Lager stützten.

Er blieb bei Kropotkin, dem Geographen und Rebellen – der hatte am Mittwoch noch über die Existenz eines Eiszeitalters fabuliert-rapportiert (Schweißperlen auf den fleckigen Glatzen der Akademiemitglieder, Tumult, gibt es noch Fragen, meine Herren), am Donnerstag saß er schon in der Festung.

Pro Jahr standen dir zwei Kleider zu: ein Schulkleid und ein anderes, geheimes, zum Spielen, zum Tanzen im Dämmerland, wo dich keiner aufspüren und finden konnte.

Der Knopf

Zum Schluss blieben die letzten Augusttage – das süßeste, honigsüße Stück Sommer, dessen Süße schon in Bitterkeit übergeht, auf der Straße tauchen schon die ersten Mitschüler auf, sie platzen schier vor Ungeduld, dir von ihrem Sommer zu erzählen, in den du nicht hineindarfst – du, Kundschafterin der feindlichen Armee der grauen Wände und bräunlichen Schürzen.

Noch bist du für dich.

Sie war ein lockiges, lebhaftes und freundliches Mädchen mit dunklem Teint, es lag etwas Besonderes in ihren ruhigen dunklen Augen, ihrem gleichmäßigen Gang.

Woher du das weißt?

Der Leihschein aus billigstem Papier, durchsetzt mit Sägespänen: Die nach rechts geneigte Schrift (jedes Mal geht die Tinte aus, beim dritten Buchstaben ist sie alle) zählt immer neue und neue Schätze auf.

Die Bibliothekarin, passenderweise eine Frau mit Basedow-Augen, händigte dir resigniert und feindselig immer neue und neue Bände aus – »Iljitschs Kinder-jahre«, »Der Anfang«, »Ein ungewöhnliches Jahr«, »Drei Wochen Ruhe«, »Der Gimpel«, »Die Gesell-schaft der sauberen Teller«, »Der Junge und Lenin«, »Begegnung im Wald«, »Lenin und der Wachsoldat«, »Das Herz einer Mutter«, »Geliebter Name«, »Wie Tante Fedossja einmal mit Lenin redete«, »Wie Lenin einmal einen Fisch geschenkt bekam«; Bontsch-Bru-jewitsch, Krzyzanowski, Poleshajewa, Woskressens-kaja und natürlich du, mein wundersamer, nervöser, safrangelber Elf, ein Feigling und Verräter. Die Frau und der verrückte Sohn blieben zurück in der belager-ten Stadt, während du bettelarm über den schreck-lichen orientalischen Basar streifst und fette alte Frau-en deine unheilvolle Schönheit begaffen. *Wollen Sie kaufen oder verkaufen?*

Wie ein gieriges Eichhörnchen trug ich die Bücher in mein Zimmer, und dort eskapierte ich, mischte mich als Schatten in diesen freundlichen rosigen Reigen, um den Schatten meines Zuhauses – schweigsamen, verzweifelten, bitteren, durchsichtigen schwachen Schatten – auszuweichen.

»Und was für eine einträchtige Familie das war: Wir lebten in größter Eintracht … Von ihrem Äußeren her war Maria Alexandrowna sehr schön – in ihrem ganzen Wesen lag eine große moralische Kraft, Standhaftigkeit und Geschlossenheit. Ilja Nikolajewitsch war sehr glücklich verheiratet.«

Als der älteste Sohn nach einem dilettantischen Attentat auf den Zaren an den Galgen kam, untermalte die schöne weißhaarige Mutter dies, wie es einer Römerin gebührt, mit einem akkuraten: Sei tapfer.

All das war beglückend weit weg von dem unseligen Zwielicht, das bei mir zu Hause herrschte: Vater und Kater saßen in der Küche, die nach gekochtem Seehecht roch (selten einmal gab es Wittlingsfilet), und warteten auf meine Mutter, die immer später als geplant kam; das Leben verging in der unerträglichen Stille des Wartens.

Bei Familie Uljanow wurden indessen laute und fröhliche Spiele gespielt: »Wir traten immer solidarisch auf.« Man spielte: Bockling, Indianer, Schwarzes Stöckchen.

Warum hatte unter sechs vorbildlich goldlockigen Kindern ausgerechnet sie es dir angetan?

Die Nähe zu ihrem Bruder, beinahe ein Doppelgängermotiv, und trotzdem wusste man so gut wie nichts über sie; ein plötzlicher, läppischer Tod auf der Typhusstation. Wenn deine Eltern zum Schweigen in

ihre Zimmer gingen, liefst du das bewusste Kleid anziehen, und vor dem Spiegel begann das Ritual der
Verwandlung: Olja/Jalo.

Wenn sie sich beim Bockling-Spielen (wie dieses Spiel
wohl ging?) ausgetobt hatten, führten die Kinder ein
Heft, in das sie Rätsel eintrugen.

»Aus Messing, aus Horn, aus Flachs oder Holz,
Sitz ich an der Schwelle rund und stolz.
Ich halte mich auf einem einzigen Bein
Und lasse nur meinen Herrn herein.«

Mein bestes Kleid, der Knopf an der Taille – Wolodja
und ich auf der Eisbahn, keiner kann sich mit meinem Bruder messen – er saust übers Eis, zielstrebig
und grimmig, hinter ihm eine Wolke aus Eisstaub,
wie ein Wirbelsturm, und das Herz der Schwester
schlägt bummbummbumm.

BRÜDER UND DIE BRÜDER DRUSKIN
GESCHICHTE EINER IRRITATION

Für Mascha Brodskaja

M. D.: Schläfst du?
Ja. D.: Schläfst du?

Unvereinbare Temperamente

Brüder sein heißt wohl, dass man Erinnerungen gemeinsam hat, die man sonst mit niemandem teilt. Weil niemand es will, niemand kann. Michail und Jakow erinnerten sich immerzu an dasselbe: Sie erinnerten sich an eine rothaarige resche körper- und geistreiche Frau: ihre Mutter, die sehr musikalisch war, ständig pfiff, sang, seufzte sie vor sich hin. »Ein barbarisches Organ«, sagte lachend der Vater, der sie ausweglos liebte. Seit ihrem Tod (der für die Brüder ein unterschiedlich schwerer Verlust war, das heißt, für den einen war er, sagen wir, ein Erdbeben der Stärke 4 – Mauerrisse, Splitter, Staub –, für den anderen der Stärke 8 – er wurde ein einziges Trümmerfeld; ich schreibe dies in einer Mietwohnung in San Francisco, auf dem Klo hängt eine Tabelle, die die Skala erklärt).
   Was waren sie anderes als zwei kommunizierende Röhren der Erinnerung.

Zum Beispiel wurde es Sommer in ihrer Erinnerung. Die Datscha: Kaulquappen fingen wir – man hielt sie in Einmachgläsern – und Eidechsen und Heuschrecken und Frösche, wir nahmen sie auf die Hand und streichelten ihren kleinen Bauch, der vor Angst anschwoll; vor den Kröten hatten wir keine Angst, obwohl es hieß, man bekommt Warzen von ihnen.

Die weiße stille Sommerhausnacht: sie liegen im feuchten grauen Zimmer, die Augen vor Müdigkeit weit aufgerissen – starren sich an wie böse Eulenküken, das eine Augenpaar *stachelbär*grün, das andere schwarzbraun wie Kirschen. Wir haben so lange ein und dieselben Dinge angeschaut, bis wir nicht mehr wussten, was noch die Dinge waren und was die Worte, die wir über sie wechselten: Viele tausend Mal haben wir uns ein und dieselben Geschichten erzählt.

Der Ältere steht auf, geht zu dem aus Briefkästen gezimmerten Tisch und schreibt etwas auf. »Was schreibst du da«, grunzt müde der Jüngere (der launenhafte, hübsche). Die Augen fallen ihm zu, der erste, der leuchtendste klarste zarteste Traum ist ein Tapetenmuster, undeutliche Blütenstände, welkes Laub.

»Was ich will, schreibe ich, ganz einfach.« Und der Ältere schreibt: Nacht Pracht Docht gelocht Sucht nicht bedacht.

Die Irritation ist ein Wiedererkennen, eine Erinnerung an gemeinsame Lachanfälle, die Irritation ist eine andere Art von Vergesellschaftung. Aber immer auch ein Verlangen aufzustehen, aus dem Zimmer zu laufen, zu fliehen.

Also: Der eine war ein Dandy, der andere ein Asket, dieser – ein Gourmet und Genießer, jener – ein heiligmäßiger Rührmichnichtan und so weiter: der Streber und der Stotterer, der Pedant und der Chaot, der Spektakuläre und der Unsichtbare, der Bach-Spezialist und der Bach-Spezialist. Der Bruder und der Bruder.

Der Jüngere, Michail, liebte die Schiffe auf der Newa (besonders am Anfang und Ende der Navigationsperiode), die glatten Gliedmaßen der Ballerinen, ihre Gesichtchen von Spielkartenköniginnen, er liebte es, um vier Uhr morgens über den Newskij-Prospekt nach Hause zu gehen (überhaupt liebte er die Dunkelheit), liebte den Geruch von Schweiß (die verschiedenen Gerüche von Schweiß, menschlichem und tierischem) auf der Pferderennbahn, das Schweigen seines Lehrers kurz bevor dieser eine seiner unglaublich komischen Obszönitäten von sich gab und sie auf der Stelle mit Hilfe makkaronistisch-kalaueristischer alchemischer Verfahren in den sechsundzwanzig von ihm beherrschten Sprachen kaleidoskopierte. (Sechsundzwanzig? *Ärnsthaft?*) Der Jüngere liebte es, seinen Namen über oder unter einem Aufsatz, einer Rezension in einem Sammelband, einer Zeitschrift zu sehen, bei dem Anblick gab es ein sattes, leichtes Klick in seinem Herzen, er liebte es, das Radio einzuschalten und der Lüge zu lauschen und zu wissen, dass sie die Lüge ist, und zu wissen, dass auch die Lüge weiß, dass er sie erkennt und ihr lauscht.

Der Ältere, Jakow, liebte es, wenn ihm ein Splitter unter der Haut abbrach, wenn er eine Wimper oder Fliege ins Auge bekam oder eine Plombe verlor – für ihn waren das lauter verlässliche Zeichen seiner Existenz, deren er sich sonst nicht recht sicher war. All die erniedrigenden Pflichten dieser Existenz – das Verlieren von Schlüsseln, das Herausbrechen einzelner Brillengläser, das Vergessen der Mappe und das Umkehren ihretwegen (viermal zu wiederholen) – erschienen ihm als notwendiger Preis, als tröstliche Strafe, auch wenn nicht klar war, *wofür*.

Eine fast krampfhafte Liebe hegte der Ältere auch zu seinen grässlichen geschwätzigen Freunden, einem Haufen arroganter, affektierter, bitterböser Taschenspieler, die ihn nicht ernst nahmen, die ihn nur ernst nahmen, wenn er musizierte.

Wenn er in die Tasten des Harmoniums griff, schienen seine Finger darin aufzublühen und zu zergehen – wie wenn eine schöne Frau ihre Finger in warmer buttriger Milch badet.

Das Mädchen mit dem vornehmen unsicheren Gesicht sagte: »Ich finde, Jaschka spielt besser Klavier als Mischka.« »Ja«, stimmte ihr Gefährte zu, »viel besser.«

Doch der Hauptgrund, aus dem sie sich endgültig auseinanderlebten, war: Michail und Jakow liebten ihre Epoche auf verschiedene Weise.

Michail gefiel es, sich als eine Art Zuhälter seiner Zeit zu fühlen (blatternarbig, mit Goldzahn und lustigen verschiedenfarbigen Augen) – er wusste, wie widerwärtig, und er spürte, wie anziehend diese ihm zugefallene Zeit war, er erwartete, dass sie ihm Beute anschleppte – wie ein Jagdhund. Er war aufmerksam und zynisch, absolut feige und absolut furchtlos zugleich. Von seiner Zeit verlangte er Erfolge, eine siegreiche Schlacht, er wollte sich *bestmöchlich* in ihr einrichten. Das exzessive Petersburger ch.

Jakow wäre es zuwider gewesen, der Zeit eine auch nur andeutungsweise nicht-abstrakte Natur zuzuschreiben – Vergangenheit Gegenwart Zukunft, all das waren klaffende, stechende Geraden: sie schnitten sich nie, und gerade er war beauftragt, darüber zu wachen, dass sie sich nicht schnitten.

Im Blockade-Abschnitt von Jakow Druskins Tagebuch schreibt ein ratloser glückloser Forscher, oft merkt man gar nicht, dass von einer Zeit des Todes die Rede ist – als würde der Tagebuchschreiber aus weiter Ferne darauf blicken, von oben, von außen.

Oder wer weiß, vielleicht blickt der Tagebuchschreiber auch gar nicht – vielleicht ist er erblindet?

Ja, wahrscheinlich hatte damit alles angefangen, mit dieser Differenz in Sachen Zeit, und erst später standen sie beide vor der Entscheidung, wie viel Raum sie Gott in sich überlassen konnten – Jakow gab nahezu alles frei, Michail zog es vor, Gott bei Bach *einzuquartieren* (er mochte es, seine Rede mit *ihren* Vokabeln zu würzen), im selben Zimmer – eng aber gemütlich. In sein eigenes Zimmer ließ Michail Gott nicht herein. (Ekel? Geiz? Scham?)

Mit einem Wort, waren sie sich ähnlich?

Sie waren sich kein bisschen ähnlich!

Der eine trug eine Fliege, einen silbernen Hut, er kaute an einer Zigarettenspitze aus teerschwarzem Bernstein und sprach mit mäßig dichter Stimme: das heißt, seine Stimme war gerade tief genug, dass eine Ballerina sich hineinlegen konnte, wie in die Marquis-Pfütze, vier Meter vom Ufer, und ihn über die spitze sonnengebräunte Schulter hinweg ansehen: ein Lockenkopf voller Sand von wegen Diva du bist einfach ein Leningrader Mädel rief er ihr zu, was was fragte sie nach, lachend, und wenn die Nächste an ihre Stelle trat, überklebte er das Bild der Verloschenen in seinem Kopf, wie man einen beim Rasieren aufgerissenen Pickel mit einem runden Pflaster überklebt.

Von jedem Ballerinenwechsel erstattete er Sollertinskij Bericht – der machte das Fenster auf, lehnte sich weit auf die Straße hinaus und lachte.

Man konnte sehen, was für ein gesundes rundes kleines Herz und was für große saubere Lungen er hatte, er würde nie sterben (er starb einen plötzlichen grausigen Tod, keine fünfzig war er da, durch Schostakowitschs Telegramm fegt heulendes Entsetzen). Doch einstweilen betrachtet Michail ihn mit Tränen des Glücks und des Neids.

Der andere Bruder dagegen schnüffelte Äther, um sein hinfälliges Leben noch stärker zu empfinden; bevor er Lehrer in einer fünften Klasse irgendwo in der Provinz wurde, hatte er als Externer drei Fakultäten absolviert – Philosophie, Mathematik, Klavier; er wusste und konnte schlechthin alles.

Er hatte eine schwache papierene Stimme, ein Vogellachen, ja wirklich – und seine Finger waren so lang, als hätte ihm jemand die Strickhandschuhe aufgetrennt und die trübselige, sorgenvolle Wolle einfach dort hängenlassen.

Sind sie sich nun ähnlich oder nicht? (Die Mutter legt beharrlich Patiencen aus Hochglanzfotos.) Sie sehen sich an – helle, moorgrüne Augen starren in braune: Grimassen, zuckende Lider, ein einseitig verzogener Mund. Ein Auge ist schmaler als das andere: asymmetrische Gleichheit. Ein Beobachter könnte meinen, da probt ein Schauspieler vor dem Spiegel.

Probt er sich selbst oder den anderen? Wir wollen genauer hinsehen, und da wird offensichtlich, dass das eine Gesicht eine Version des anderen ist, ein ins Absolute gesteigertes Erleben des *eigenen* Gesichts.

Jakow, der einem äffischen Engel gleicht.

Michail, der einem Menschen gleicht, einer glänzenden Frucht, aus der der Saft rann, aber dann ist das Wurmloch verkrustet und an der Stelle hat sich ein harter Tropfen gebildet.

Längelang

Bei einem Spaziergang sagte Charms einmal zu Jakow: »Und überhaupt, was soll's, deine Eltern werden irgendwann sterben.«

Jakows Augen quollen noch weiter hervor als sonst, er machte ein Geräusch wie »aaaoch«, verfiel in schnelle Trippelschritte und verschwand hinter einer Biegung der Nadeshdinskaja-Straße.

Charms kniff die Augen zusammen, als wäre ihm plötzlich schwindlig.

Dann warf er den Kopf in den Nacken, riss die Lider auf, so weit wie er konnte, und sah in den Himmel.

Seine Augen waren von einem Hellblau, wie es nur

ganz am Anfang einer Aquarelltube Hellblau der Marke »Leningrad« vorkommt.

»Der Sarg mit den sterblichen Überresten wurde auf einem offenen Lastwagen in die Stadt gebracht. Die ganze Fahrt über lag mein Bruder längelang auf dem Sarg. Ich saß daneben und hielt ihn fest.«

Der Bruder schreibt den Bruder. Der Bruder schreibt die Liebe. Er versucht, aus der Leere das Wesen heraufzubeschwören, mit dem er sich den größten Teil seines Lebens nicht verstanden hat. Michail strebte nach Ordnung, nach Form, nach Glanz, nach Klang, nach Kumulation, nach Sinn.

Jakow strebte nach Verzicht, nach Auflösung, nach Zerstreuung.

Der eine wollte leben, der andere wollte nicht wollen.

Der Mathematiklehrer zeichnet an die Tafel – seine Finger sind von der Kreide ganz trocken.

Das Lehramt ist ein Schritt auf dem Aufstieg zur Unsichtbarkeit.

Seine Rettung liegt dort, wo alle anderen, alle Sichtbaren, verbrennen, verfaulen und erfrieren werden.

Eben dieses »längelang« war der Anfang meines tröstlichen und krankhaften (im Sinn einer Krankheit, die zur rechten Zeit kommt) Wunsches, über ihn nachzudenken – über Jakow Druskin, unser aller

Champion und Musterschüler, unser Junges und unseren Heiligen, der uns unser Paradies und Bestiarium gerettet und bereitet hat –

»Jascha Druskin wohnte bei seiner etwas buckligen Mutter.

Sie stellte ihm einen Teller Suppe hin und sagte:

›Hier, der letzte Teller Suppe. Für dich.‹

Er sagte:

›Nein, Mama. Gib sie lieber Marina, sie soll Suppe essen.‹

Die Mutter zögerte ...«

Vierzig Jahre später fügte die venezolanische Eremitin Marina Durnowo hinzu, die Suppe – sie blies den Rauch ihrer Zigarette aus – sei wohl aus Hundefleisch gewesen, und wie sie Druskin Daniil Charms' Manuskripte übergeben habe, daran erinnere sie sich nicht mehr.

Du hattest dich mit Verlierern umgeben, Jakow, um dich herum trug man die schweren Gesichter von Menschen, die aus der Zeit geflogen sind wie von der Schule.

Mein Bruder, was wusste ich von dir?

Vor dem Verlassen der Wohnung sieht der jüngere Bruder den älteren an – das qualvolle Ritual des Aufbrechens und Vergessen-Habens, endlos wie Zahnschmerzen.

Komm schon, lass uns gehen.

(in diesen Momenten verließ ich das Haus)

Die beiden Brüder, dem deutschen Komponisten Johann Sebastian Bach rettungslos und bis auf den Tod verfallen, konnten das Spiel des anderen im erwachsenen Alter nicht mehr ertragen.

»Als Pianisten habe ich ihn nach der Abschlussprüfung im Konservatorium nicht mehr gehört: er spielte nicht in meiner Gegenwart. Wenn wir miteinander Bach studierten, war ich es, der sich an den Flügel setzte, er spielte manchmal eine Vokalpartie dazu, aber ein Ensembleklang kam nicht zustande – wir waren vom Temperament her zu verschieden. An die vierzig Jahre lang besaß er kein eigenes Instrument. Anfangs kam er zu mir, um zu spielen (in diesen Momenten verließ ich das Haus).«

Mein Bruder, was wusste ich von dir?

Ich verließ den Raum: aus Taktgefühl, dachte ich damals.

Später dachte ich, es war aus Eifersucht, aus Ärger. Heute schwant mir manchmal das Schlimmste: Ich ging aus Gleichgültigkeit.

Michail, verfolgt von den Tönen seines Bruders, das heißt, den Tönen Bachs in der Interpretation und im Verständnis (Unverständnis!) seines Bruders, dem er nicht zustimmte, lief die Treppe hinunter und hinaus in die sonnige Stadt. Die Düsternis und Dunkelheit dieser Stadt war eine Erfindung zweitklassiger Schriftsteller, dachte er, wer je die Smolnyj-Kathedrale in der Aprilsonne gesehen hat, dem kommt solches Gesülz nicht über die Lippen. Michail floh, leicht und leer, Bachs Töne – seine eigenen, nicht die seines Bruders – füllten ihn aus und trieben ihn an. Er lief durch die Stadt, lief weg von dem Ort (dem Moment, dem Ereignis), wo der ihm nächste, vertrauteste, ähnlichste Mensch der Welt etwas behauptete, was ihm fremd war.

Das Präludium lebte in ihm wie der Fötus in einer Schwangeren, manchmal zuckte es, lächelte – und um es genauso zu bewahren, nahm der Jüngere sich selbst das Versprechen ab, niemals zuzuhören, wie der Ältere spielte: wuchtig und unsicher. Michail lief bis zum Litejnyj-Prospekt, dort blieb er stehen und verschnaufte, sein Mund war trocken und salzig.

PERSEPHONES HAIN

Für Maria Rybakova

Dann aber zog ich das scharfgeschliffene Schwert
von der Hüfte,
setzte mich nieder und wehrte den kraftlosen
Häuptern der Toten,
Sich dem Blute zu nahn, bevor ich
Teiresias befragte.

Odyssee, Elfter Gesang

Warum muss es immer so kompliziert sein. Anspielungen Anagramme Andeutungen Augenzwinkern Verflechtungen alte Klamotten! Man kann doch einfach mal eine Geschichte erzählen: Wie es gewesen ist, was ist daran so schwer? Genau das meinte auch Tanja, und dabei senkt sie erst den Blick und wirft ihn mir dann abrupt zu wie einen Kinderstoffball am Gummiband – geh da nicht hin, das überlebst du nicht, schreib es lieber auf. Was denn, sage ich, es gibt nichts aufzuschreiben, es ist ja nichts gewesen, wie wir wissen; wie schreibt man auf, was nicht gewesen ist? *Der Herzog erzählt dazu eine Geschichte, die aber keinen eigenen Punkt darstellt, da sie sich nicht wiederholen lässt; sie ist keine Leidenschaft für sich.*

In San Francisco mischen sie Glitzer in den Asphalt. Unter den Füßen glitzert und knirscht das nächtliche

Firmament, besudelt und gedüngt mit dem Auswurf des Daseins. Die Ratte, Königin der Nacht, piepst, ihr berühmter Koloratursopran hetzt zu Rache und Weltherrschaft auf. Ich habe dieses Glitzern bemerkt, als ich einmal Hand in Hand mit dem Liebsten durch die dunklen Alleen von Tenderloin lief. Es war einer jener seltenen kritischen Momente, in denen das Händehalten, das Händedrücken Sinn machen: Du weißt, du bist nicht allein. Der Asphalt flimmerte und bebte unter meinen Füßen, und ich schritt einher in der Kraft meines Festhaltens an dir.

Der bestirnte Himmel unter meinen Füßen und der Verstoß gegen jedes sittliche Gesetz – das war es, was mich damals interessierte, jetzt aber …

Jetzt: beim Abstieg unter die Erde an der U-Bahn-Station Montgomery hockte direkt auf den Stufen ein defäkierender Mann, in der Dunkelheit schimmerten seine Hinterbacken in einem stolzen und unheilvollen Lila.

Er fühlte sich frei, mich dagegen verwirrte diese Umkehrung von privat und öffentlich irgendwie, ich trat den Rückzug an, um mein Glück an der nächsten Station zu versuchen. Ringsum regten sich zugedröhnte mittel- und obdachlose Tscheburaschkas, quasi als Illustration zu jenem umfangreichen Korpus von Texten, in denen einer oder eine sich entschließt, in die Hölle hinabzusteigen, dort aber keines der kraftlosen Häupter sich dem Blute nahen lässt.

So gehst du vor dich hin und weichst dennoch zurück vor den kraftlosen Häuptern, deren jedes seine eigene Geschichte hat, seine Klage, seine Pose, seinen Pitch – Agamemnon, Alkinoos, Antiope –; wichtig ist vor allem, dass man sie nicht ans Opferblut lässt, dass man gleichgültig bleibt gegenüber ihrer Lage, sozusagen, sie ihrem durchsichtigen Zwielicht überlässt, mit ihren Spritzen, ihren Babys, ihren bei Omnia Mea Groceries geklauten Einkaufswagen. Vor allem darf man sich selber nichts durchgehen lassen, keine dieser mitfühlenden Spekulationen, warum sie wohl da lungern und lagern und sich Nadeln in die schwarzen Venen bohren. Einmal hatte ich mir in meinem ethnografischen Übermut einen allzu aufmerksamen Blick erlaubt, da rannte einer von ihnen mir nach und versetzte mir einen Schlag – leichthin, halbherzig, spielerisch.

Acht Jahre habe ich seinerzeit-meinerzeit in dieser Stadt gelebt (heute kommt es mir vor, als hätte es sie wirklich gegeben, diese »meine Zeit«, als alles Gegenwart war, unbeschwert von Vergangenheit und Zukunft). Ich kenne diese Stadt. Ich weiß, wo man sich hier wohlfühlen kann und wo unbehaglich, wo es öde ist und wo süß. Die Topographie der Stadt ist

Teil meiner Anatomie, also auch meiner Biographie, oder so ähnlich.

Dem Ratten(pi)piepsen (Schluss jetzt, sonst gibt's eins auf die Finger) der Erinnerung folgend, bog ich von der Market Street Richtung SoMa ab, in eine armselig sündige Schmuddelgegend. Obwohl – wer ist schon ohne Sünde, stinkt nicht jeder Körper zum Himmel und schmerzt und leidet und dürstet und ahnt? Südlich der Market Street spreizten sich noch immer die beliebten Fachgeschäfte für gespielte Torturen: Reitgerten – Halseisen – spanische Stiefel, was begehrt das Herz?

Das meines damaligen (meinerzeitigen) Gefährten begehrte so manches. Er war Liebhaber, Stammkunde, Enthusiast. Und ich oft sein Gast.

Endgültig aus der Fassung brachte mich, das weiß ich noch, ein BH mit inwendigen Stahlnadeln. Fuck, dachte ich, das fehlte noch, wieso muss ich zartes Wesen so was sehen, so was anprobieren? Passt er? Zu groß, zu klein?

Dem Gefährten passte der Preis, er feilschte nicht lang, und auch die Anprobe stellte ihn zufrieden: unerträglich genug. Die Nadeln ließen später reichlich Blut fließen.

Sie-Ich (während der Anwendungen zog sie-ich es vor, in der dritten Person an sich zu denken, um das pralle Fleisch der ersten nach Kräften zu verbergen) – wie schlau dieses Ich sich doch einsetzen lässt; die

Witwe des Schriftstellers Babel, eine hübsche, eisen-
harte Metrobauerin ohne einen Funken Humor, berichtet erstaunt: »Auf meine Frage, warum er seine
Erzählungen in der ersten Person schrieb, antwortete Babel: ›Weil die Geschichten so kürzer werden,
man braucht nicht erst den Erzähler zu beschreiben,
was für Kleider er trägt, was für eine Geschichte er
hat …‹«

Ich-Sie, inzwischen ohne Kleider (Medeas Tochter,
die sich mit der vergifteten Wäsche die Haut vom
Leib gerissen hat), stand unter der Dusche, und das
Blut lief mir über die Zehen, sie sahen aus wie die al-
lerersten zarten weiß-rosa Radieschen.

Aus dem Schlafzimmer rief der Gefährte nach mir,
in träge-gespanntem Ton – bist du bald fertig?

O Welt der Träume (heute läufst du über den Mos-
kowskij-Prospekt, durch den Garten Eden deiner
Kindheit, und es öffnen sich Welten: »Welt der Wasch-
maschinen«, »Welt des Kühlschranks«, »Welt des Ba-
dezimmers«) – o Taxonomie des Spiels! *148. Er zieht
die Rute nur übers Gesicht; dafür braucht er hübsche
Gesichter. 149. Er schlägt mit der Rute wahllos auf alle
Körperteile, nichts bleibt verschont, Gesicht, Fotze und
Brust. 150. Mit dem Ochsenziemer versetzt er Jünglin-
gen zwischen 16 und 20 Jahren zweihundert Hiebe
über die ganze Länge des Rückens.*

Das Blut ist abgewaschen, Sperma und Scheiße desgleichen, das Werkzeug ist abgenutzt, die Schminke zerflossen (schwarzer und silberner Lidschatten, Glitzer im Asphalt).

Die Folter – was gibt es dazu zu sagen? Was ist hier das Sujet? Um welches Ereignis geht es? Wer ist der Held?

Im Moment der Folter, während du die Fingernägel in die Handflächen gräbst – worauf wartest und was erwartest du? Woran erinnerst du dich? Erinnerst du dich an dich selbst?

Das Angebot südlich der Market Street umfasst alle erdenklichen – und durchaus erschwinglichen – Werkzeuge der zärtlichen Tortur, der Beherrschung und Unterwerfung; verblüffend ist, dass Menschen mit grobschlächtiger Phantasie für all das Werkzeuge, Kostüme, Kulissen brauchen. Menschen mit feiner, hitziger Phantasie dagegen finden derlei Berührungen lächerlich und unerquicklich; sie wollen und brauchen sie nicht.

Wie könnte diese Kostümballtortur sich mit jener vergleichen, die einen ernsthaft umbringt – einer ungreifbaren, körperlosen, unaufhaltsamen Tortur, die weder Ende noch Anfang hat, die niemals aufhört und in alles eindringt, die dich überall findet – erstaunlich, sogar hier.

Wozu irre ich hier eigentlich durch San Francisco – wohin, fragt sich, führt meine Route, was ist mein Ziel, was mein Motiv? Vielleicht dies: vor etwa zwei Wochen habe ich einen Brief bekommen von ihm, der mich dem Höllenfeuer ausgeliefert hatte in jenem zarten Alter, in welchem. Welches Alter hat als zart zu gelten? Ein Zustand der Seelenmuskeln, in dem alles noch modellierbar, noch formbar ist, in dem du noch ganz Lehm bist – fester weicher feuchter Lehm, du sinkst steigst fällst zergehst auf einen Wink deines Lehrers; später werden Erniedrigung und Enttäuschung dich zweifach dem Feuer übergeben – bei verschiedenen Temperaturen –, und du wirst sehr hart und sehr zerbrechlich werden. Aber mit fünfzehn – da komme wer mag und bediene sich nach Wunsch.

Der Verfasser des Schreibens, das dich da unter der Erde hervorgezogen hat, brauchte unter Garantie weder Ruten noch Zangen noch sonstige raffinierte düstere Gerätschaften, um dich in die Hölle zu schicken. Der Verfasser dieses kürzlich eingetroffenen Schreibens nutzte damals die Gefügigkeit, den Hunger, die erbärmliche Gier, die das Wesen eines Heranwachsenden verströmt wie ein sterbendes Stinktier – in unglaublichen, beschämenden Mengen. Stinkende Ströme gefügiger Aufmerksamkeit.

Der klassische Altersunterschied von 35 langen Jahren (nachts am Telefon – wissen Sie, mein Herz ist akut – mal vergrößert, mal verkleinert – lassen Sie mich jetzt nicht allein). *Indem er so sein Verhalten an seiner Philosophie ausrichtete*, näherte er sich immer nur von weitem, immer per aufreizendem Sie.

Was machen Sie gerade? Sind Sie angezogen?

Du lagst im Dunkeln, im großmütterlichen orangen Flanellnachthemd Größe 58 (ein Geschenk aus vollem, hinfälligem Herzen, man konnte darin unterschlüpfen wie in einem Zelt, den ganzen plötzlich anschwellenden, reifenden Kinderkörper darin unterbringen) und dachtest unentwegt daran, wie sein Herz dort am anderen Ende der Stadt größer und kleiner wurde, wie es jeden Moment zucken und sich ergießen, sich anspannen und explodieren würde gleich einem Himmelskörper, der zu Sternenstaub und Asche wird. Neben dem hochexplosiven Herzen war damals zweifellos auch noch von anderen Körperteilen und Vorgängen die Rede, aber der Haken – wie der Prinz von Dänemark sagt – war, dass dir damals wie heute, da du sämtliche Werkzeuge und Techniken durchprobiert und vieles abgestumpft hast, bewusst war: Alles hat seinen Preis, und zwar einen erschwinglichen, nur eines ist unbezahlbar: die schwere geschliffene eisig schmelzende Stimme im Telefon, am Ohr einer sehnsüchtigen jungen Maid, eine Stimme, die befiehlt: gleich sterbe ich – drum eile herbei wie der Wind, wie der Blitz – steh auf, Lazarus – zeig dich geschwind und sei mein.

Das jetzige Schreiben teilte mit, sein Verfasser sei unlängst in Kalifornien eingetroffen, mit dem Ziel – ganz recht, wie haben Sie das erraten – zu sterben, diesmal endgültig, und – erstaunlich, so ein Zufall … da landet man also im selben kalifornischen Paradies – warum nicht zum Abschied ein wenig plaudern über dies und das?

Völlig perplex von der Attacke des reinkarnierten und neuerlich sterbenden Drachen stromerte ich in dieser Herbstnacht durch die schäbigen Ecken von San Francisco und versuchte, die Zeiten und die verschiedenen Formen von Schmerz in einen Zusammenhang zu bringen: LeidundFreude sind eins, quäkte von weitem der zauberhafte Diskant eines unersättlichten Ästheten.

Laster und Tugend sind aber auch nicht weit auseinander, blökte ein anderer – *wenn man dem Herzog sagte, dass doch alle Menschen eine Idee von Gerechtigkeit und Ungerechtigkeit teilten, so erwiderte er, dies seien nur relative Ideen. Ich habe kein Bedürfnis, meine Instinkte zu bezwingen, um dem Schöpfer zu gefallen. Es ist die Natur, die mir diese Instinkte gegeben hat, und ich würde sie verärgern, wollte ich ihnen widerstehen. Ich bin nur ein Werkzeug in ihrer Hand. Indem er so sein Verhalten an seiner Philosophie ausrichtete, hatte der Herzog sich von seiner Jugend an rückhaltlos den schändlichsten, phantastischsten Aus-*

schweifungen hingegeben. Nach vollbrachter Schand-
tat empfand er stets vollkommene Gleichgültigkeit ge-
genüber dem Opfer und dem, was soeben geschehen
war.

Dem, was soeben nicht geschehen war. Aber was war
denn eigentlich geschehen, wird der verwirrte Leser
fragen: Nachdem sie die ganze Nacht so gelegen hatte, unter Visionen seines Todes begraben wie unter
kalten Wärmflaschen, rannte die junge Maid zur ersten Metro, stürmte in sein Zimmer – er hob die Rep-
tilien-, die Drachenlider und spie aus: Was wollen
Sie – Sie sind erbärmlich. Fort mit Ihnen.
    Und so ging es viele, viele Male.

Deshalb also: im Versuch, zu verstehen, a) ob ich hin-
fahren soll, um mich am Anblick des Verderbers meiner Seele in seiner chemotherapeutischen Agonie zu
weiden, b) was das eigentlich für ein Dreckssujet ist,
das mich dazu bringt, auf diesem flimmernden Asphalt schon wieder eine moralische Frage mit mir
selbst zu erörtern – ob es richtig ist, noch einmal in
die Höhle des krepierenden Drachen zu gehen, der
einst mein Herz gefressen zermalmt hat (genau so:
schmatz-schmatz), und wahrscheinlich besteht genau in dieser Frage das Sujet und das Ereignis, ohne
die weder ein anständiges verfehltes Leben noch eine
anständige Prosa auskommt. Eine gute Frage wird

immer zweimal gestellt. Erneut kam ich zurück: zum Ereignis des Schmerzes.

Komm zu mir und werde mein. Ich fühle mich gar nicht gut, wissen Sie. *Ein feingeschnittenes Gesicht mit recht hübschen Augen, aber Mund und Zähne waren scheußlich; der Körper weiß und unbehaart, der Hintern klein, aber wohlgeformt; zu seinen anderen Vorlieben kommen wir später.* Tiresias, was ist los mit mir, was mache ich hier, wo bin ich überhaupt, was schreibe ich, und womit?

Tiresias atmet vorsichtig aus:

»Ich glaube, es handelt sich um Prosa. Der Text zerfällt nicht in Sätze oder Fragmente. Etwas hält ihn zusammen. Was mir sehr gefällt – und das ist furchtbar schwer, es gelingt nur ganz selten –, ist, dass die Wörter wie ineinandergepresst sind. Ich kann es nicht genauer formulieren, aber so empfinde ich es, und wo das (nicht nur einmal) gelingt, bin ich neidisch, d.h., ich bedauere, dass es mir so oft nicht gelungen ist. So viel zur Ästhetik. Zu Moral und Psychologie kann ich nichts sagen.« Ja, Tiresias war ein Stilist. Er hat dir beigebracht, ihnen mit eisenharten Worten wehzutun und wohlzutun und sie selber in Worte zu verwandeln – mit fester, leichter Stimme. Dann werden sie dich anschauen wie einen brennenden Dornbusch: du wirst sehen.

Was wird er diesmal mit deinem Herzen anstellen? Wird er es dir wegnehmen, um sein eigenes, zerfallendes auszutauschen? Wird er es wieder ausspeien aus seinem Munde? Er brauchte die Mechanik des Herbeizitierens, um sein kraftvoll-fragiles Leben aufrechtzuerhalten, wie der Vampir das salzige Rinnsal. Zurück zum Thema, zurück zu dir selbst vor zwanzig Jahren, zurück an den Ort – rechts um die Ecke, dort kommt erst ein Lebensmittelladen, dann ein Müllplatz, dahinter ein Garten. Zusammengenommen ist das die Route des Schmerzes, du läufst sie im Wissen, dass du ihn gleich trösten, ihn besitzen wirst, und jedes Mal triffst du ihn gereizt und voller Abscheu gegen dich an.

Wieder wird der Tristanköder für dich ausgelegt, wird in deinem Herzmuskel gestochert wie mit dem Messer in der Auster. (Was hat das Herz damit zu tun, sagte er einmal, jeder weiß, dass die Seele im Kehlkopf sitzt. Alles, was er dir sagte, hast du mitgenommen in die Welt der normalen Leute, hast es in der geschlossenen Faust herumgetragen und daran gelauscht wie an einer Muschel, mit diesem idiotischen Lächeln. Er hat dir beigebracht, er hat dir nachgewiesen: Es gibt keinen Unterschied zwischen Gut und Böse, es gibt nur die Angst vor dem Begehren, die Angst vor Leere und Langeweile und die Angst vor dem Tod, im Kern ist das eins – diese Ängste muss man bekämpfen. Alles eine Frage des Stils.)

54. Er schickt das Mädchen zur Beichte und passt sie ab, wenn sie herauskommt, um sie in den Mund zu ficken. 55. Während der Messe in seiner Privatkapelle fickt er eine Prostituierte, und im Moment der Elevation spritzt er ab.

Ermüdet und voller Gleichgültigkeit gegen das Opfer, von dem ein trisssster Gestank nach Sehnsucht, Begehren, Mitleid ausging, erzählte er damals jedem, der es hören wollte, der ganzen vor Neugier überquellenden Stadt, das Opfer sei, mit Verlaub, selbst an allem (an was?) schuld (denn *Gerechtigkeit und Ungerechtigkeit sind eins*) und könne daher nicht als Opfer gelten, sondern sei fortan als raubgierige Verfolgerin zu betrachten, die ihre scharfen Krallen in zerbrechliche, dahinschwindende Pierrots schlage, eine bissige Spitzmaus, ein kleines hässliches Stinktier. Her mit dem Besen, jagt sie ins Loch!

Und jetzt werde ich also wieder hervorkriechen aus diesem Loch (in gewissem Sinn habe ich mein ganzes Leben damit zugebracht, mich selber aus dem Loch zu ziehen), ich werde zu ihm gehen, der voll der edlen Säfte der Chemotherapie ist, und ihm sagen, dass ich ihm nichts nachtrage, dass ich alles vergessen habe.

Gott bewahre – nichts habe ich vergessen. Ich kann nicht. Vergessen.

Und welches Ereignis soll uns als krönender Abschluss dienen?

Als ich eines Morgens zu ihm rannte, erschöpft von seinen mitternächtlichen Ekstasen, fand ich meinen Tozkij/Myschkin, meine frigide Nastassja mit abgewandtem Gesicht am Fenster, und auf diesem Gesicht lag ein *beinah* greifbarer, schmerzhafter Überdruss, als wäre die ganze Welt für ihn erfüllt von Langeweile, wie von einem Gestank. Und plötzlich überkam ihn, überlief ihn etwas wie Mitgefühl: er beugte sich über dich, beugte seine Hände über deine – doch gleich darauf fuhr er mit einem Ruck wieder hoch und stieß seinen Refrain hervor: Fort mit Ihnen.

Zwanzig Jahre habe ich dieses *beinah* in mir getragen – durch alle Betten und alle Schreie hindurch, in BHs mit in- und auswendigen Stacheln und Seidenkorsagen, die auf meinem dicklichen Rücken rosa Abdrücke hinterließen, mit Perlen bestickt, die ich so genüsslich vor die Säue zu werfen gelernt hatte: Und da auf einmal rufst du mich, die Frage wiederholt sich, und wer weiß, vielleicht waren diese zwanzig Jahre eine Art monströser Schwangerschaft, und jetzt wird die Antwort geboren. Tiresias wird mir den Sinn dieses Lebens erklären, das kaum vom Tod zu unterscheiden ist, bevölkert von Schatten und ihren unerfüllbaren Wünschen.

Man stelle sich vor. Ich betrete das schauerliche kleine Krankenzimmer (stopp, keine Melodramatik bitte, wieso schauerlich, wir sind hier schließlich in

Stanford), betrete also das lichtdurchflutete kleine Krankenzimmer, und du liegst vor mir, vollgepumpt mit deinem inneren und dem äußeren Gift, beschäftigt damit, die beiden in dir zu verbinden und zu vermischen. Ich beuge mich über dich, über Sie (»duzen Sie niemals einen geliebten Menschen!«) – und etwas geschieht. All diese Jahre habe ich, als eine von vielen Justines oder meinethalben Eugénies, gehofft, Ihren Beifall zu finden: Statt für die Tugend einzutreten, säte ich Ihre Lehren wie Drachenzähne. Jetzt, da aus all seinen Öffnungen Schläuche ragen, wird mein Lehrer, mein lieber Franval, mich endlich beifällig in die Arme schließen, und wir können ausruhen; vielleicht tauschen wir noch ein paar armselige Zärtlichkeiten, aber vielleicht sterben wir auch gleich, wie die Bettler beim ersten Nachtfrost, und am Morgen holt man uns ab.

HAARNADELN

Für Alexandra Mia

»Kannst du mir mal«, sagte ich, »die Haare hochstecken bitte, so wie du sie hast, ich will ins Wasser.« Sie zog schweigend und konzentriert wie üblich die Nadeln aus ihren Haaren und drehte mir geschickt einen Knoten am Hinterkopf. Sonderlich schwer war das nicht – unsere aschkenasischen Haare waren aus demselben Material, wirr, schwer, rau wie Filz. Nur in der Farbe unterschieden sie sich: ihre hatten einen Bronzeton fast wie rote Bete, fast wie die Kaliumpermanganat-Schlieren am Abendhimmel, wenn die Sonne sich schon fast in ihrem Bau, ihrem Billardbeutel verkrochen hat. Meine waren wie Gräser in der matten Oktobersonne – graubraun und trocken. Oder wie der dürre, welke Tang, den das Meer in gleichmäßigem Rhythmus auf den Sand speit. Sie überfärbte ihre grauen Strähnen, ich dagegen war ungeheuer stolz auf meine paar leblosen Pinselstriche – so hält der Ruhmsüchtige seinen staunenden Gästen eine Einladung zu einer *ganz speziellen* Party unter die Nase.

Mir gefiel das sehr, wie geschickt sie mir diesen Knoten gesteckt hatte, ich saß im Wasser und fasste ihn immer wieder an – wie einen Helm, ich stellte mir vor, ich sei die finsterste und ernsthafteste aller Göttinnen: die streberhafte oberschlaue Pallas Athene, immerzu ausgelacht von Apoll und Aphrodite, die einander selbstvergessen befummeln hinter ihrer sonnigen letzten Bank.

Als ich an Land stieg wie ein Urzeitgeschöpf, sah sie über die sonnenverbrannte Schulter zu mir herüber und sagte mit finsterem Nachdruck: »Haarnadeln sind das Wichtigste überhaupt.« Fest und spitz müssten sie sein und sich nicht verbiegen, »wie die hier, du kannst sie behalten«.

Für die Nacht machte ich die Haare dann bedauernd doch wieder auf, und die Nadeln legte ich in ein Buch, das ich immer mit mir herumtrug, wie ein gewichtiger Bürger seine Bibel mit den aufgeschieferten, speckigen Eselsohren – ich konnte dieses Buch praktisch auswendig, nein, ich konnte es wirklich auswendig – wozu also las ich es immer wieder?

Es war – wie stets, wenn man etwas wiederliest – nicht um etwas zu erfahren, sondern um der physischen Freude willen: die immergleichen Buchstaben mit den Lippen zu berühren, die bekannten Gesichter zu ertasten. Da, zum Beispiel, sitzt Marina Malitsch vor dem abgesperrten Zimmer – drinnen macht ihr Mann Danniil Charms Liebe, er hat ihr einen Zettel an die Tür gehängt, sie möge warten, so zartfühlend ist er, er

hat an sie gedacht – vielleicht ist er mit ihrer Freundin
da drin, oder mit ihrer Schwester Olga. Hier schafft
Marina Malitsch es gerade noch aus der toten Stadt,
wo selbst die Henker im Winter nicht allzu satt werden – die Zähne wackeln, die Haare fallen aus, man
muss weg hier, für die Leningrader, die sich noch bewegen und fürchten können, sind die Deutschen die
einzige Hoffnung – bei denen kommt man bestimmt
in irgendeinem Stall unter, im Kuhmist, und Kohl-
strünke kriegt man zu essen, und schlagen werden
sie einen und freundlicherweise aus der Schlinge ziehen bei jedem Selbstmordversuch. Und hier schließlich verführt Marina Malitsch auf der rettenden be-
wohnten Insel der Freiheit, in Paris, den Gatten ihrer
Mutter, einen weichen, zärtlichen, schamlosen Mann
mit beginnender Glatze. Die Mutter, die das Mädchen ein paar Revolutionen und Kriege zuvor verlassen hat, ist ob der töchterlichen Fixigkeit ein wenig
gekränkt; sie zieht sich die Lippen nach, richtet den
Schleier am Hut, geht festen Schritts (obwohl, die Knöchel sind nicht mehr die alten, dick sind sie geworden) zum sowjetischen Konsulat und bittet, man möge die Tochter zurückschicken, ins Lager, wenn's
geht, nach Sibirien. La Sibérie.

Alles an diesem Leben schien mir wichtig und vertraut und nachfühlbar – ich stellte mir Marina Malitsch in den verschiedensten Situationen vor, ich dreh-

te ihr Leben wie ein Kaleidoskop – das Muster änderte sich, blieb aber gleich: ihr asymmetrisches stolzes Gesicht, starr vor Staunen, dass das Leben immer enger wird, aber der Tod noch immer nicht kommt. Ich sagte mir ein sorgfältig gewähltes makabres Stück aus ihren Abenteuern vor, und damit schlief ich ein – die Haarnadel steckte in Glozers Büchlein wie eine sujetbildende Spindel, schwarz und steif.

Meine Freundin sah zu mir herein und löschte das Licht. Ich lasse immer in allen Zimmern das Licht an, egal wo ich gerade übernachte – Rendezvous mit der Dunkelheit absolviert man besser im Hellen, bei Licht.

Und dann nisteten sich plötzlich lauter kleine Mädchen in ihnen allen ein, und ich musste dauernd an sie denken – in der rothaarigen Freundin lebte eines, und in der aschblonden Freundin mit den Augen wie Malachitsplitter, und in der mit den fröhlichen Strohhaaren (das Leben ist innen, die Erdbeere ist vertrocknet), die so sehr auf ihr Mädchen wartete, dass sie schon auf den Plätzen von Petersburg brüllte: »Wo bleibst du denn, meine Liebe?« Diese Ungeduld war mir nicht unverständlich – als mein Mädchen in mir zu leben anfing, ging ich zu Nonna und sagte: »Ich bekomme ein Mädchen.« Worauf sie verwirrt ihre Eichhörnchenbrauen hob: »Natürlich, was denn sonst?« Wie in dem Witz von der Erstgeborenen, nur andersrum.

Ein Mädchen in einem Mädchen ist ein Pleonasmus, eine groteske Matrjoschka, *das geht wirklich zu weit*, Schmerz im Schmerz, das Mädchen quillt auf und platzt aus den Nähten, um sich sich selbst zu schenken. Um das beinah von innen Erlebte beinah von außen zu beobachten.

Wenn über dem Lager der Amazonen der Abend dämmert, legen wir uns nebeneinander und betrachten uns, beschnuppern uns. Da liegt meine hochmütige Tochter mit der gewölbten Stirn, und scharfer, zarter Atem dringt aus ihrem Mund. Sie legt ihre Affenarme und -beine auf mir ab, manchmal presst sie unruhig eine Haarsträhne von mir in der Hand, manchmal öffnet sie im Schlaf einen Spalt breit ein Auge, wie das Dreiäuglein in dem gruseligen Märchen von der Kleinen Chawroscha und dem Festmahl der schlaflosen Zyklopinnen. Dass sie mir nicht ähnlich sieht, wäre eine Untertreibung. Es war mein Endlosfahrlehrer Walter, der das Urteil fällte: In einem Moment der Verzweiflung (Fahrstunde Nr. 38) hielt er vor unserem kleinen Haus, wo sich gerade eine bukolische Beet-Wiedererweckungsszene abspielte – Nonna und Frosja schnauften begeistert über ihren Setzlingen. »Wow«, ächzte Walter, »so eine schöne Tochter und so eine schöne Mutter, und wem siehst du dann ähnlich?« Ich fand seine Frage weder unbegründet noch überraschend, aber ich sagte ihm trotzdem, ich würde sein schlaues Auto gleich gegen einen Laternen-mast fahren. »Wirst du nicht«, sagte er schicksalserge-ben, »das Gaspedal habe ja ich unterm Fuß.«

Alle meine Freundinnen sind unglaublich schön. Es gehört zu meinen Lieblingsbeschäftigungen, zu be-obachten, wie die Leute auf der Straße sich nach ihnen umdrehen, wie sich in dem Café, das wir betreten, augenblicklich eine straff gespannte Stille ausbreitet. Die bitterste lehrreiche Niederlage in dieser Sache – Beobachtung der Beobachtenden – habe ich eines Ta-ges in einer von bräunlichen Wassern überfluteten eu-ropäischen Hauptstadt erlebt, wo ein Geschöpf mit lichtem Namen und sehr lichten Haaren und Augen, das ein ganz rührendes *rrrrr* rollte (*aimez-vous Benja-mine Kaverrrine?*), beschloss, bei mir Schutz vor der zudringlichen Anbetung der Welt zu suchen. Sie traf mich beim Waschen stinkender Socken in einem stin-kenden orangen Waschbecken an. »Wie viele sind es noch?« »Dreizehn«, antwortete ich mit dem eisigen Hass des Heckenschützen, der den Graben des Geg-ners im Visier hat. »Könntest du vielleicht eine Pause machen? Ich möchte, dass du das hier liest – ich habe dir ein paar Zeilen geschrieben.« Ich las die Zeilen und fand, was sie suchte. Sie schmolz mir *sofort* in den Händen und auf der Zunge, zerging wie das reins-te Schneeflöckchen: Großmutter, Großvater, ich will so gern, so gern übers Feuer springen. Bittesehr: spring

nur. Ich rollte meine *rrr* in ihr und gab ihr die ihren
zurück, und sie öffnete sich und lag da wie eine zer-
fetzte kleine Auster auf einem Stillleben, und das
Licht fiel durch einen Becher auf eine schwarzver-
schimmelte Zitrone. Anschließend floh ich vor der
mit meinen eigenen routinierten Händen errichteten
Ruine wie ein unroutinierter Mörder: Ich flog ins leere, sonnige Kalifornien, um mein sogenanntes Schicksal auf die Probe zu stellen – ein Leben zu leben, ohne
mich auf irgendwen zu stützen, ohne mich als Stütze
von irgendwem auszugeben, ohne irgendetwas anderes zu tun, als mit den tränenden Augen eines fasten-
den Alligators die Schönen zu beobachten. Bin ich
am Ende, wie Marina Malitschs Schwester und Mutter, nur Werkzeug einer versehrten Kraft, ein duften-
der tauber Narziss, der keinen Ton davon hört, wie
die Nymphe E. ihn, den elenden, reglosen, ruft – zu
Hilfe? »Nie wieder will ich mein Spiegelbild berühren, weder mit der Hand noch mit der Zunge noch
mit dem, was beim Abschied für immer brennt, ich
will seine Ruhe nicht stören« – so lautete meine Beschwörung.

Und jetzt sind auch in Kalifornien zum Frühjahr hin
die Bäuche angeschwollen, und darin schaukeln neue
kleine Mädchen. Eng und heiß und ruhig haben sie es
dort: Sie rüsten sich für Metamorphosen. Kleine rote
Lehmklötzchen – sie werden geknetet und glattge-

strichen und bewertet und taxiert werden von denen, die das Gaspedal unterm Fuß haben. Man wird sie aufreißen, zusammenquetschen, unterbuttern und vollschreien, und wenn sie es nicht mehr aushalten, werden sie nach ihresgleichen greifen. Dort werden sie Verbundenheit suchen, und Kraft und Freiheit. »Also«, sagte Dinka streng, ihre Stimme hatte wieder die Farbe gewechselt und klang jetzt nicht mehr nach einem Kätzchen im Selbstverteidigungsmodus, sondern fest und ruhig, »ich habe keine Ahnung, woran du denkst, aber das Einzige, was dich jetzt interessieren sollte, ist, was wir trinken, sonst nichts.« Und so, zornig und bestimmt, ging sie an die Bar.

SESTROREZK, KOMAROWO

Für Ostap

1985

»Genau der richtige Moment für dich, eine Reiseerzählung zu schreiben.« Mein Gesprächspartner lachte und wedelte mit den unwirklich langen Fingern. Ich hatte Mühe, mich auf seine Worte zu konzentrieren, wie immer ließ ich mich durch die Form vom Inhalt ablenken.

Mein Freund war ein melancholischer, kapriziöser Russische-Lyrik-Versteher, ein Japaner und sehr schön, deshalb rauschte oft ein Großteil von dem, was er sagte, an mir vorbei, zerstreut in jenem unruhigen Morgenlicht, das *wahre* Schönheit nun einmal verströmt: Man möchte blinzeln, sich abwenden.

»Ja haha«, sagte ich, »eine Reiseerzählung, ganz genau ... so eine elende Dichterposenprosa, die nirgends hinführt.«

»Aber nein«, sagte mein Gegenüber grinsend: »Eisenbahnprosa, die beste von allen, ganz in die Länge gezogen. Die Prosa gleicht der Zeit, es scheint, als gäbe es zu viel davon, sie ist überall, so viel Zeit einer hat, so viel Prosa hat er auch – ganz anders das Gedicht: das bricht aus, explodiert – und dann? Akt – Erektion – Ejakulation (die unaussprechlichen Wort monster aus dem Medizinlexikon) – bitte sehr, da hast du deine amüsante halbe Stunde, aber was kommt danach? Danach kommt die gute alte Prosa.«

Welche Reise sollen wir also wählen, um die peinliche Zeitlandschaft zu füllen, die sich nach der süßen Konvulsion vor uns auftut?

Vielleicht diese.

Aber halt, zuerst zu etwas anderem – keiner Reise, sondern einem Aufenthalt, einer Art Gefangenschaft.

Mein Vater kränkelte.

Bisweilen nahm sein Gesicht eine ins Violette spielende oder eigentlich: zyanotische Färbung an, sein Mund verzog sich zu einer schiefen Grimasse, und der karge Strom seiner Worte versiegte schließlich ganz. Das hieß, es war wieder einmal Zeit für uns, ins Sanatorium zu gehen.

In jenem Jahr wurde uns eine Badekur in der Stadt Sestrorezk am östlichen Ufer der flachen (eine Wassertiefe von 2,5 bis 3 Meter wird erst 200 Meter vom Ufer erreicht) Sestrorezker Bucht am Finnischen Meerbusen zuteil. Entlang des Ufers zieht sich eine bewaldete Kette von Dünen und Hügeln, unterbrochen von Flussbetten und kleinen Seen, Teichen und Moränenschutt. Der »goldene« Sandstrand ist bis zu 50 Meter breit. Unweit des Kurorts liegt der Stausee Rasliw. Im Jahr 1989 hatte Sestrorezk laut einer landesweiten Volkszählung 35 498 Einwohner. Die überwiegende Mehrheit arbeitete im Sanatorium oder stand am Bierkiosk vor dem Bahnhof und fröstelte im Ostseewind, oder tat abwechselnd das eine und das andere.

Warum Sestrorezk? Jedes Mal, wenn mein Vater violett anlief, besorgte meine Mutter in einer geheimnisvoll großzügigen Einrichtung namens Prophylaktorium einen Kurbewilligungsschein für zwei Personen und setzte auf dem Formular an die Stelle ihres eigenen Namens ohne Zögern und Erbarmen mich – einen rundlichen, vor missmutiger Vitalität schier platzenden Teenager. Gefragt wurde niemand. Unter all den verordneten Anwendungen (Mineralwasserbäder, furchterregende Moorwannen, in denen man wie lebendig begraben war, Massageduschen, Schwimmen in einem knapp lauwarmen Becken unter quallengleichen alten Frauen) war das Schweigen mit meinem Vater am schwersten auszuhalten.

Manchmal wurde die physische Anspannung bei dieser Übung unerträglich, doch die Ausweichmöglichkeiten waren begrenzt: eine Bibliothek, in der Werkausgaben sowjetischer Klassiker (hochfahrende Mauerblümchen) neben leichtem Lesefutter standen (verlebte, gastfreundliche Flittchen), und die Bucht mit ihren zu Panzersperren getürmten Eisschollen und dem schmalen, noch toten Sandstreifen, dessen Konsistenz an Asphalt erinnerte. Unter dem Eis drang der Geruch des verborgenen Meeres hervor: meine Nüstern waren gebläht wie bei einem Jagdhund, dessen Beute ganz in der Nähe ist, gleich hier. Mein Vater und ich standen nebeneinander und sahen zu, wie um vier Uhr nachmittags die rote eisige Sonne ins rote eisige Meer fiel. Im letzten Akt des Schauspiels sagte er jedes Mal: »In die Sonne schauen ist ungesund, es macht blind.« Er war ein lakonischer Pädagoge, er ritzte seine Aphorismen direkt in mein Herz: »Ein junges Mädchen muss entweder schlank oder fröhlich sein – such dir aus, was dir leichter fällt« (weder noch, dachte ich bekümmert); »ein junges Mädchen, das nach Fuchs riecht, muss besonders auf seine Körperpflege achten« (von mir ging tatsächlich ein für ihn befremdlicher Raubtiergeruch aus, den in Schach zu halten nicht so einfach war).

Daneben gab es natürlich die Besuche im Speisesaal, dem einzigen Locus unserer Dialoge – vergleichsweise stürmisch erörterten wir die Speisekarte, auf der täglich drei Leckerbissen zur Auswahl standen: Was meinst du, Polina, sagte mein Vater und hob vorsichtig (wegen seiner Schmerzen tat er alles vorsichtig) eine Zobelbraue – lieber die Karottenbratlinge oder das Gulasch? oder den Milchreis?

Nach Tisch gingen wir spazieren. Er ließ mich selten allein damals, wahrscheinlich fühlte er sich in gewissem Sinn verantwortlich – wie ein Wachposten für einen Gefangenen –, und so teilten wir geschwisterlich die Empfindung der sich an einzelnen Stellen erwärmenden Kälte und des allgegenwärtigen Rosts. Nadelbäume, Geländer, ein zu nichts Menschlichem taugendes Freibad.

Sonntags kamen Schauspieler ins Sanatorium. Es waren die erbärmlichsten Schauspieler im ganzen Leningrader Verwaltungsbezirk, Leute, die aufgrund ihrer Berufsuntauglichkeit und diverser Schicksalsschläge jeden Erfolg und Ehrgeiz hinter sich gelassen hatten. Immer am Samstag wurde ein kleines Plakat neben der Speisekarte aufgehängt: »Die weltbesten Schauspieler für jeden Geschmack, insbesondere für: Tragödien, Komödien, Chroniken, Schäferspiele, Werke pastoral-komödiantischer, historisch-pastoraler, tragisch-historischer, tragikomisch-pastoraler und pastoral-historischer Art sowie für Mischformen und improvisierte Szenen. Sie beherrschen den Ernst eines Seneca so mühelos wie die Leichtigkeit eines Plautus. Im auswendigen Vortrag wie in der Rezitation aus dem Stegreif sind sie unerreicht.«

Eine füllige, konfuse Frau mit karottenrotem Haar im paillettenglühenden Synthetikkleid hauchte Fragmente von Olga Berggolz oder Vera Panowa, während die seufzenden Ulcus- und Gastritis-Patienten vor Verlegenheit und Langeweile auf ihren Stühlen zappelten. Erregt von der Begegnung mit dem Schönen ging ich aufs Zimmer zurück. Mein Vater lag mit dem Gesicht zur Wand, er stöhnte monoton und gleichmäßig vor Schmerz.

An ihm nagte – wie jenes stinkende spartanische Füchslein – von innen ein Geschwür des Zwölffingerdarms, das ich mir all die Jahre als unheimliche, böse kleine Gottheit vorstellte, eine flinke mitleidlose Kreatur mit zwölf Fingern.

Ich steckte den Kopf unters Kissen und sprach immer wieder dieselben, einander sinnlos spiegelnden *zufälligen* Worte vor mich hin.

1991. (Ein Jahr vor seinem Tod)

Diesmal hatte der Prophylaktoriums-Zauberer uns beide in eine Kiefern- und Dünenlandschaft katapultiert, mit der das breite Lesepublikum langsame Spaziergänge in der winterlichen Morgendämmerung verbindet, unternommen von einer schweren Frau, deren massige Stimme klingt, als hätte man ihr eine Glocke übergestülpt oder als würde der Kassettenrekorder das Band fressen (»*Liest da eigentlich ein Mann oder eine Frau, Professor Barskova?*«). Eine Frau.

Mittlerweile war ich fünfzehn – also in der Phase des bewussten Protests; bei mir äußerte er sich darin, dass ich zur Verteidigung gegen das Schweigen meines Vaters mit einem Buch von Dumas dem Älteren auf einer der Schaukeln saß, die entlang der Sanatoriums-alleen aufgereiht waren. Dumas war keine zufällige Wahl – seine Werkausgabe (ärgerlich unvollständig, wie ich vermute) umfasste fünfzig Bände. Neben mir schaukelten Milady mit der blutigen zarten Schulter und dem abgehackten Hals, das impulsive, im Irkuts-ker Schnee versunkene Dummchen Pauline Gueble und die mannstolle Marguerite de Navarre, die über einem Bündel mit dem Kopf ihres Geliebten schnief-te – mir, die ich mit der Schande meiner beginnenden Geschlechtsüberreife leben musste, kamen sie alle-samt wie überzeugende Vorbilder vor.

Doch am liebsten und nächsten von allen war mir der Graf von Monte Christo. Als mein Vater in dieser Zeit einmal ankündigte, er müsse in die Stadt, ans In-stitut, und werde mich für einen Tag allein lassen, reifte in mir der Entschluss, meinem Grafen in die Freiheit zu folgen, das heißt: in einem schaurigen Leinensack aus meinem Kerker zu entspringen, das heißt: mich auf direktem Weg zum Friedhof von Komarowo zu begeben. Warum so morbide? wird der genervte Le-ser denken.

Ruinenlust? Die Schatten großer Vorgänger? So was in der Art. Die Sache war, ich hatte beschlossen, mir dort einen neuen Vater zu suchen, einen besseren *möchlichst.* Oder zumindest den Schatten eines neu-en Vaters.

Daran war nichts Mystisches – es war purer Prag-matismus (immerhin haben Sie hier mit einer Person zu tun, die sich nach dem Tod des Herzliebsten aus rein bürokratischen Erwägungen hat taufen lassen: Was, wenn irgendwann der Jüngste Tag anbricht, so überlegte ich, und der breitschultrige finstere Türste-her mich dann nicht zu ihm lässt, mich ihm nicht sa-gen lässt, dass ich doch noch die Kraft gefunden habe, weiterzuleben und zu lieben nach allem, was du ange-richtet hast, mein lieber Freund – bloß weil ich kein Kreuzchen umhängen habe? Das wäre doch gelacht! Aber das ist eine andere Geschichte.).

In dieser Geschichte dagegen (die Kamera schwenkt zurück und friert ein) gehe ich lustlos die wenig ein-ladende »Bibliothek der Weltliteratur« im verstaub-ten elterlichen Bücherregal durch; dahinter schließt lockerer Mischwald an, buntes Allerlei, und dort, in einem Bändchen eines sagenumwobenen chinesischen Trunkenbolds, entdecke ich zwei kuriose Wegmar-ken: eine allzu private, sentimentale Widmung und ein Foto des Übersetzers. Das schicksalhafte Zusam-mentreffen räumte jeden Zweifel aus: Der unbekann-te feurige Sinologe konnte zu meinem dringend ge-suchten Vater ernannt werden.

Lag es nicht auf der Hand? Ich ging zum Spiegel und erstellte ein Blitzgutachten – alles passte zusammen: die hohe Stirn, die aristokratische markante Nase, die feingezeichneten spöttischen Lippen, die kühlen spöttischen Augen. Ich plusterte mich vor Wiedererkennensstolz und Erwartung, wie Pippi Langstrumpf (wahrscheinlich hatte sie genau daher auch ihre Riesenkräfte). Alles klar! Daher also mein zurückhaltendes, würdevolles Auftreten, meine kühle Art und die Attitüde des vom Schicksal verwöhnten Glückskinds.

Dieser ganze lauwarme Klumpen Wahn pulste und lebte seither in mir, und immer wenn das Schweigen meines Vaters polare Temperaturen erreichte, sah ich ihn lächelnd an und dachte: ja ja, schweig du nur, *er*, der andere, wäre bestimmt nicht stumm, wir würden einander vorlesen aus dem Monte Christo … und so Sachen.

Die Abreise des Schweigers verstand sie demnach als Anweisung des Schicksals: Geh, mach dich auf zum Friedhof von Komarowo, denn dort (das hatten ihre armseligen Recherchen eines Ziehkinds der Leningrader Literaturszene ergeben) liegt neben dem Grab seiner brillanten Mutter (am Ende habe ich auch noch eine Großmutter? oder hatte? – »ein Gesicht ohne klaren Ausdruck das Kinn leicht vorgeschoben die Haare sind ein Jammer sie färbt sie rot das verleiht ihr eine herbstliche Note und zugleich etwas Künstliches, aber dann fängt sie an zu arbeiten und das Wunder geschieht«) – dort liegt er.

Zwischen dem Sanatorium und dem Friedhof lagen zwei Stunden Fußweg in *flottem Schritt*. Ihr Schritt war noch nie flott gewesen. Der Weg führte am Bahnhof vorbei, dann am See entlang, sie überquerte ein Bahngleis, beinahe wäre sie hingefallen, der heiße Geruch von Teer und Maschinenöl. Vom Bahnhof bis zum Friedhof zog sich ein versandendes Bächlein aus Schaulustigen und rechtmäßig trauernden Angehörigen.

Mit welcher Begeisterung ging sie von Platte zu Kreuz, von Stern zu Feldstein. Ringsum ruhten sowjetische wie antisowjetische Berühmtheiten, denen der Arzt eine frische Ostseebrise und feinen, blendend hellen Dünensand verordnet hatte.

Und da, endlich, war er. Neben seiner Mutter. Der Frondeur und Faulpelz neben der sturen Arbeitsbiene, aus deren Gesumm hier und da eine Prosa von absoluter, schmerzlicher Reinheit hervorblitzte. Gemeinsam bildeten die berühmte Mutter und ihr berühmter Sohn quasi die ideale Pietà, eine Allegorie der Leningrader Literatur: verhalten, verkannt, zerfressen von Kompromissen – und unwiderstehlich. Als Wegzehrung hatte ich mir ein paar Überbleibsel vom Sanatoriumsfrühstück mitgenommen, einen Quarkpfannkuchen und einen Apfel. Ich setzte mich neben dem Grabmal auf den Boden, in die pralle Sonne. Machte Brotzeit. Es war wie ein Ankommen. Als hätte jemand meine Ankunft ersehnt, hätte aus dem Fenster und auf die Uhr geschaut und mit dem Essen auf mich gewartet.

Was hatte ich eigentlich vor mit dieser neuen Bekanntschaft, dem neuerworbenen Vater? Damals dachte ich darüber nicht groß nach. Im Anfangsstadium einer neuen Leidenschaft denkt man nicht an Schwierigkeiten, Alltag, erbärmliche Abschiedsworte, unüberwindliche Hürden, man schmilzt in der Hitze des Erkennens, der vorweggenommenen Nähe: Wie wird es diesmal sein? Welchen Körperteil werden die Hände, die Lippen, das Leben deines anderen zuerst berühren? Mir gefiel einfach dieses frei erfundene kitschige Gefühl, dass ich nicht mehr allein war auf der Welt, dass der schöne Mann und die schöne Frau, die dort hinter der Grabeinfassung schliefen, wenn die Krümel meines Quarkpfannkuchens sie nur aus ihrem Bann erlösen könnten, Mitleid mit mir hätten und mich nach kurzem Beschnuppern vielleicht sogar als Familienmitglied akzeptieren würden.

Auflösung

Muss ich es noch erwähnen – du bist doch schnell von Begriff, mein Leser –, dass der gutaussehende Schlaukopf von Komarowo zu mir, und damit auch zu dir, in keinerlei direktem Verhältnis stand? Allenfalls in einem indirekten. Der Vorortspaziergang damals brachte keine Lösung.

Birkensaft in einem riesigen trüben Einmachglas – mein Vater brachte ihn mir immer zu seinem Geburtstag mit, am fünften Mai, in einem Einkaufsnetz – damit fing der Frühling an.

Was war da eigentlich so trüb, der Saft oder das Glas? Schwer zu sagen.

Nach seinem Tod fand ich in seiner Schreibtischschublade einen riesigen Packen Gedichte von mir, die er mit seiner perfekten, pingeligen Handschrift kopiert hatte – solange er lebte, war zwischen uns nie ein Wort darüber gefallen.

Als letztes Zeichen dieses Lebens kroch eine Kakerlake aus seiner Pfeife und ging ihrer Wege.

DONA FLOR UND IHRE GROSSMUTTER

Vor vierzig Jahren kam zur Eröffnung des Colleges, wohin das Schicksal mich unlängst verschlagen hat, die schon ziemlich alte Anaïs Nin. Die Zeremonie fand auf freiem Feld statt: eine kleine Anaïs trat hinaus auf dieses freie Feld und schlug ihren Mantel auf, und die versammelte Gemeinde der Klugscheißer und Prominenten erblickte den berühmten kleinen dunklen vom Tod gezeichneten Körper.

Es war Mai, und an den kleinen Körper rührte sanft der Wind.

Anaïsanaïs, deinen Tagebüchern verdanke ich den Neid darauf (warum darf die das, und ich nicht?), von Dingen zu sprechen, von denen man nicht spricht – aber wovon soll man sonst sprechen?

Ein kurioser Sommer war das.
Du warst verunglückt, und dann wurdest du in der Christi-Verklärungs-Kathedrale ausgesegnet, und ich stand an deinem offenen Sarg und weinte und überlegte, wie das alles wohl von außen aussah. Von den Tränen wurde mir leichter, aber sie unterspülten den immerhin noch vorhandenen Boden meiner Zugehörigkeit zu den Lebenden: Ein Schlammkrater tat sich

auf, eine Mure, deren Sog mit jedem meiner theatralischen, wohltemperierten Schluchzer stärker wurde.

Doch ich war entschlossen, mich zu wehren und dem Geschehen eine klare Form zu geben. Allabendlich zu festgesetzter Stunde fuhr ich zum Newskij, wo der rote Turm der Duma steht, und bezog Posten gegenüber einer bestimmten Stelle; da stand ich dann und rauchte.

Mir schien, als könnte die eiserne Regelmäßigkeit dieses Dastehens wenn schon nicht rückgängig machen, so doch vielleicht etwas daran ändern, dass du allein aus dem Haus gegangen und beim Überqueren der Straße entweder in Gedanken versunken oder gestolpert warst, und dass ich nie etwas von dem Krachen, dem Schmerz, der Verwunderung erfahren würde, mit denen dein Denken zu Ende ging. Es war das leichte, rasche Denken eines begeisterten Literaturzauberers, der nichts und niemanden tief und lange in sich eindringen ließ, sich aber jedem neuen Forschungsgegenstand für kurze Zeit voll und ganz überließ. Und ihn anschließend verließ. Doch jetzt war durch einen ungeschickten Rollentausch plötzlich ich die Verlassende, denn du warst von der Bühne abgetreten. Im fürsorglichen Licht der verblassenden weißen Nächte betrachtete ich ein kleines Loch im Asphalt, die Schuhe der Passanten, die abgewetzten

Streifen des Fußgängerübergangs und hoffte, es würde sich ein Weg finden, es zu lindern, dieses – als rückte mir von links irgendetwas Scharfes auf den Leib und ich könnte nicht atmen. Auf der anderen Straßenseite ging über einem Laden eine Leuchtreklame an – der Schriftzug litt unter einem nervösen Tick, ein Buchstabe zuckte, und damit vertrieb ich mir jeden Abend drei Stunden lang die Zeit.

Dann wurde es dunkel, ich ging nach Hause, stocherte mit dem groben Schlüssel im groben Schloss, legte mich aufs Sofa, das Gesicht dem bräunlichen Polster zugewandt. Weder meine Mutter noch der Kater trauten sich zu mir herein. Sie steckten in einer Argumentationskrise.

Nachdem ich einen Monat auf Posten gestanden hatte, kam meine Mutter doch zu dem Schluss, dass man etwas tun musste – nämlich dem waidwunden Wachmann einen Wächter zur Seite stellen.

Es wurde beschlossen, mich vorsichtshalber zu meiner Großmutter zu schicken, nach Sibirien.

Die Großmutter, die etwas von einem Kombuchapilz hatte, lebte in einer sibirischen Stadt, in nervösem, spinnennetzartigem Verbund mit zwei Töchtern und deren Familien.

Meine Mutter fand, das müsste als Leibgarde genügen, um sicherzustellen, dass ich mir nichts antat. Sie konnte nicht wissen, dass ich damals völlig handlungsunfähig war. Alles Leben war aus mir und von mir gewichen (dabei war mein Vorrat an Leben riesig!), und von dem erwähnten Zebrastreifen auf dem Newskij abgesehen war mir restlos egal, wo auf der Welt ich mich aufhielt oder hinbewegte (dabei war der Orts- und Richtungssinn vor kurzem noch der ausgeprägteste meiner Sinne gewesen!).

Die nächste Erinnerungsinsel taucht auf (ich glaube, die Erinnerung funktioniert wie eine Suppe, durch die man das Löffelruder zieht, und dabei tauchen in überraschender Reihenfolge überraschende Dinge auf). Meine Tante, eine für immer rasend schöne Frau mit *saphirenen* (wie Bunin sagen würde – dort sitzt er in einer dieser langen, trübseligen Nächte mit dem hüstelnden Tschechow und denkt sich Wörter aus; Frau Knipper wirft einen toughen Blick auf ihre makellose Stirn im Spiegel, lächelt, geht ab), mit wirklich saphirblauen Augen also in einem sehr braunen Gesicht, das immer nach Honig und Beifuß duftete, fuhr mit mir in den Wald und ans Wasser. Die liebe Tante hatte mir vieles beigebracht: Eisvögel erkennen, Steinbeeren sammeln, sie durch ein Mulltuch pressen und die feinen Blutstropfen am Morgen über Schlagsahne gießen. Noch ist nichts geschehen auf der Welt, deine Katze Ljuska schläft noch auf deinem Kopfkissen, ein Froschbein im Maul.

Meine Tante brachte mir bei, über die Hügel zu stürmen wie die wilde Jagd, einer flüchtenden Familie Steinpilze auf den Fersen, oder durch Kiefernschneisen zu streifen und ganze Kolonien von Butterröhrlingen niederzumetzeln – »zack, zack, und hier drückst du zu«.

Von ihr habe ich dieses Feuer, diese wilde Freude am Geruch des sibirischen Walds geerbt, dieses Gefühl, dass alles hier dir gehört, und du gehörst ihm und dienst ihm. Der Kindername Lolja passte zu ihr, er schien mir wie ein Gruß von jenem anderen Liebhaber der Klänge und Wörter, der ebenfalls in einem zu kurzen Bett im Dunkeln lag und sich an Pilze und Moos und nasses hartes Gras erinnerte.

In meinem zu kurzen Bett im Dunkeln liegend, hörte ich durch die Wand, wie die Tante mit ihrem Mann redete:
»Wer soll sie denn heiraten? So findet sie doch nie einen Mann … Sie kann rein gar nichts! Sie hat keine Ahnung – na, was eine Familie ist.«
Um ihr Gespräch nicht mit meinem schütteren Schluchzen zu stören, stand ich auf und ging ans Wasser – zum Stausee am Ob. Ich saß am Pier und hörte

zu, wie die bandwurmigen Brassen – außerstande, auf den Grund zu tauchen – vorbeischwammen. Jetzt bin ich auch so eine bandwurmige Brasse, dachte ich, aus dem dichten, dunklen Leben an die sinnlose Oberfläche vertrieben.

An den Wochenenden brachten sie mich zu Großmutter in die Stadt.

Großmutter buk sehr kleine und sehr fette Piroggen mit Kraut, bei deren Verzehr die gesamte Familie ehrfurchtsvoll stöhnte. Danach kamen wir zum offiziellen Teil des Besuchs: zu mir.

»Wir wollten ihr lieber nicht sagen, dass er tot ist«, sagte Lolja, »wegen ihrem Blutdruck, verstehst du?«

»Und was habt ihr ihr gesagt?«

»Na, dass er Schluss gemacht hat und du deshalb unglücklich bist.«

An den Wochenenden unterwies Großmutter mich in der Kunst der Liebe, das heißt, sie erklärte mir, wie ich es anstellen musste, dass du zurückkommst und mich von da an garantiert *immer* lieben wirst. Der Unterricht fand in obligatorischer Anwesenheit eines weiteren Hausgenossen statt – wenn nicht Loljas, dann eines ihrer ironischen, luchsäugigen Sprösslinge oder ihrer so ganz anderen, sehr traurigen Schwester Bella. Die Hausgenossen sollten Wache halten, damit ich nicht die Nerven verlor, aber eigentlich war diese Befürchtung unbegründet. Die Gespräche mit Großmutter über das Geheimnis, wie man Macht über ein leichtfertiges Männerherz gewinnt, wirkten viel beruhigender und einlullender auf mich, als wenn mein Cousin Anton später bei mir saß und mir den Kopf streichelte, weil ich ihm so leidtat und so peinlich war in meinem Unglück.

Zudem wusste Großmutter offensichtlich, wovon sie redete: Als in ihrem toten Bergarbeiterstädtchen im Kusnezker Becken nach dem Krieg ein fescher verwitweter Fachmann auftauchte, war es ausgerechnet sie, die zehn Jahre ältere und nicht eben sanftmütige Besitzerin von vier buntgewürfelten hungrigen Kindern, die ihn abbekam, für ein ganzes langes glückliches Leben. Igor Michajlowitschs Tod hatte Großmutter schwer getroffen, sie verfiel in jämmerliche Antriebslosigkeit, bis eines Tages ich ihr unterkam, mit meinen offensichtlichen Wissenslücken in Sachen häusliches Glück. Sonntag auf Sonntag erklärte sie mir, wie man kochen, waschen, aufräumen, welche Kleider, welches Parfüm und welche Frisur man tragen musste, damit man, Gott behüte, nicht verlassen wurde.

Das Parfüm muss eine Spur herb sein, die Füllung der Krautpiroggen luftig, dein Mann darf nicht ahnen, dass und wann du deine Periode hast – ein verblüffendes Detail der idealen Beziehung, das sich für mich

unauflöslich mit einem beunruhigenden Spruch meiner Tante verband: »Vor dem Hund und vor dem
Mann lass den Schlüpfer immer an.« Großmutters
Tochter hatte deren Lektionen offenbar gründlich gelernt.

Danach fuhren wir zurück in den Wald und ans Wasser, und dort streifte ich umher, nicht mehr die mit
Steinbeeren und schwarzem Pilzschleim verschmier-
te Neunjährige, sondern ein riesiger, neunzehnjähri-
ger begriffsstutziger Vogel oder Fisch – mal legte ich
mich aufs Moos, mal setzte ich mich auf einen Stein,
und immer wieder schloss ich die Augen und dachte
an dich.

Als Mensch mit einem unberechenbaren, launischen,
aber starken Willen bemühte ich mich andauernd, das
2-D-Kino in meinem Kopf in 3-D umzuwandeln
und einen Moment lang zu sehen, wie du mir mit
Kopfhörern (in denen aus irgendeinem Grund immer die Beatles liefen) auf diesem dreimal verfluchten Newskij-Prospekt entgegenkommst – dort, wo
alles anfing und alles endete. Und was soll ich sagen?
Es ist unmöglich, das heißt: ich habe es nicht geschafft.

Du warst einfach nirgends mehr, und wie viel
Kraft ich auch aufwandte, um mir dein Gesicht, deinen hilflos verzogenen Mund am Ende des Akts vor-

zustellen, während ich mich mit geschickter barmherziger Hand liebkoste, wie sehr ich auch versuchte, dein Maunzen Ton für Ton zu rekonstruieren – es blieb mir nichts. Ich war allein.

Die Anspannung und das ständige Auf und Ab – von Hoffnung (»nein, Polina, nach einer Quarktasche mit Preiselbeeren kann dir keiner widerstehen!«) zu öden Gewässern und wieder zurück – zeigten schließlich Folgen. Ich bekam eine merkwürdige Krankheit, die meine älteste Cousine, eine Ärztin, als »womöglich Cholera« diagnostizierte. Lolja wurde so saphirblau wie ihre Augen, stützte sich gegen die Wand und sagte: »*Was sage ich bloß Nonnotschka?*« Die traurige ältere Bella dagegen erklärte kategorisch: »Sie braucht Blutkraut.«

Blutkraut ist ein Zauberkraut (Sie erinnern sich – Hauff, Zwerg Nase, die kluge Gans?), auf das man hofft, wenn es keine Hoffnung mehr gibt. Sein Name entspricht der Drastik seiner Wirkung, ich erspare Ihnen die Einzelheiten, ich bin schließlich kein Marquis de Sade. Um das Blutkraut zu kaufen, gingen wir auf den Markt – mir war übel und schwummrig und schwindelig. Lolja, die mich auch diesmal nicht allein zu Hause lassen wollte, hielt mich fest am Arm. Es war ein sehr heller und sonniger Tag, über den Buden schwebte Joe Dassin und beteuerte, dass wenn es dich nicht gäbe, alles auf der Stelle zu Ende wäre. Na klar!

Der Markt kochte und gurgelte, die Schweinsköpfe in ihren Bottichen zeigten die Zähne – sie schwammen herum und lächelten in ihrem Zauberschlaf. Lolja kaufte Pfirsiche, biss mit zuckerweißen kleinen Katzenzähnen einen an und lächelte mir zu: Man muss stark sein, meine Liebe.

Ach ja, die Hauptsache habe ich vergessen, Lolja ist Künstlerin – wir pflückten die harten, bitter und sauer riechenden, etwas gruseligen sibirischen Blumen, trugen sie in einer Windjacke nach Hause, und sie malte sie, immer wie sich selbst: ein bisschen zerzaust, der Schatten ein bisschen neben der Spur, viel zu bunt. Sie sollte recht behalten: Ich habe wirklich nie geheiratet, weil ich rein gar nichts kann außer mich freuen an und fürchten vor der sinnlosen Schönheit der Dinge (dem Abend, dem Wind, dem müden Caravaggiogesicht des Menschen, der ganz still neben mir schläft).

LAUBRISS

Für Mark Lipovezki, zum Dank für die Wissenschaft
der Liebe zur sowjetischen Literatur

Wo nisten die Stare, für die kein Starenkasten
mehr frei war?

Wie einen Eisfrosch im Januar, wie einen frisch ge-
schlüpften Aal will ich ihn sehen durch und durch
und ihn uns von neuem aufnötigen, auch wenn dieser
Wiedererwerb uns schwerlich sehr freuen wird. Ich
habe die Absicht, einen Blick ins Innere der Wortma-
schine zu werfen, einer Maschine namens Bianchi, um
zu entdecken, was bisher ungesehen blieb. Vielleicht
hat er selbst mir das eingegeben: seine Annahme, dass
das unsichtbare Leben, das sich vor uns versteckt, immer reizvoller, stärker, komplexer ist als jenes, das sich
dem gleichgültigen Auge, der flüchtigen Erkenntnis
hingibt; jedenfalls tröstet mich der Gedanke, dass die
»Natur nicht ist, wie wir sie sehen« – nicht im abstrakten Sinn des abstrakten Großdichters, sondern
im wörtlichen, dem eines läppischen Möchtegerndich-
ters.

Denn siehe da: Während wir im Schnee versinken
und überall Eis spüren, liegen in der Tiefe darunter

nicht nur die schlummernden Keime des Frühlings –
die Vorbereitungen sind in vollem Gang. In dunklen
Gruben, in Finsternis und Gestank ist der wimmeln-
de junge Wurf, die neue Ernte schon geboren, dort
schwillt das Wasser, und die toten Pflanzen werden
bald wieder lebendig, sie spreizen die Wurzeln, die
den neuen Frühling umklammern werden.

Aber wo soll ich ihn suchen, diesen Beobachter? Und
wie erkenne ich ihn, wenn er mir begegnet? Der mich
beschäftigt, hat alles getan, um seine Spuren zu ver-
wischen, um Räuber und Jäger von seinem Bau abzu-
lenken – damals, neben sich, wie heute, hinter sich.
Damals waren die Räuber und Jäger jene, die die Wort-
lieferanten durch Schmeichelei, Freundlichkeit, Folter und ihr eigenes eindrückliches Beispiel nötigten
und lockten, sich anzupassen, ihr Wesen zu verän-
dern – dem irdischen Leben zuliebe, der Publikatio-
nen und der Publicity, des Wohlstands und der Ruhe
halber. Obwohl es mit der Ruhe dieser zweitklassi-
gen Wortproduzenten nicht weit her war: von der
Decke tropft es in die Schüssel, aus der Schüssel spritzt
es dem Kater auf die Schnauze, er schüttelt angewidert den Schnurrbart, zuckt mit dem Ohr.

Heute sind die Räuber und Jäger – von weitem – wir:
wachsame Trenner von Spreu und Weizen, eine Fal-
kenjagd, die von oben herabschießt, um ins Verges-

sen zu stoßen, um endgültig in semantisch steriler Lethe-Lösung zu versinken, um abzuurteilen und auszusondern: die zweitrangigen, drittklassigen, unwichtigen Wortfriseure. Dabei wollten sie einfach nur überleben und wenn's geht wenigstens einen kleinen Teil ihres wahren, echten Selbst retten; was auch immer diese Schimäre – die »Echtheit« – für den Einzelnen bedeutete, der echte Teil wurde in der Schublade versteckt, in Spiritus eingelegt oder – aber ja, das ist am sichersten! – möglichst sichtbar platziert, damit er, weil leicht zu haben, uninteressant würde für Jäger, Jagdhunde und Räuber, so als wäre dieses Echte nur »Fallwild«:

»Einer unserer Waldkorrespondenten berichtet aus dem Gebiet Twer: ›Gestern habe ich ein Loch gegraben und mit der Erde ein kleines Tier ans Licht geschaufelt. An den Vorderpfoten hat es Krallen, auf dem Rücken statt Flügeln eine Art Schwimmhäute, der Körper ist mit gelbbraunen Härchen bedeckt, wie mit einem dichten, kurzen Pelz. Es sieht ein bisschen wie eine Wespe und ein bisschen wie ein Maulwurf aus, halb Insekt, halb Säugetier. Was ist das?‹ Erklärung der Redaktion: Dieses bemerkenswerte Insekt, das wie ein Säugetier aussieht, heißt Maulwurfsgrille. Wer eine Maulwurfsgrille finden will, muss Wasser auf die Erde gießen und die nasse Stelle mit Holzspänen zudecken. In der Nacht sammeln die Maulwurfsgrillen sich im Feuchten, sie kriechen in den Schmutz unter den Spänen. Dort werden wir dann fündig.«

Werfen wir also einen Blick in den Schmutz unter den Spänen und werden wir fündig.

Duell der Geschichtenerzähler

Witali Walentinowitsch Bianchi verbrachte sein Leben in Arbeit und Suff, und am Ende erreichte seine Stimme ihren Höhepunkt – sie schlug um in ein Fiepen, einen dünnen Mückensopran, während er selbst schwer und fußlahm wurde, doch er konnte nicht aufhören, immer weiter hämmerte er seine Spuren in die Maschine, mit einem Finger. Die Zeitgenossen erinnern sich an seine Riesenkräfte und seine Riesenerlahmung, an den verlöschenden aristokratischen Reiz des wie nach einer Moskitoattacke anschwellenden Gesichts. Der beste Beobachter unter den Zeitgenossen notiert:

»Bianchi packte mich an den Füßen, drehte mich um und hielt mich laut lachend kopfüber in der Luft, ich konnte mich nicht losmachen. Ich war so beleidigt! Es hat lange gedauert, bis ich mich wieder beruhigt hatte. Ich war kein schwacher Mann, aber gegen ihn kam ich nicht an. Schmach und Schande! Seine Kraft schien mir so grob und ganz außerhalb meines Zugriffs. Ein unsinniges Gefühl, etwas zwischen Neid und Eifersucht, überkam mich. Es hat erst allmählich wieder nachgelassen. Bianchi war schlicht und rein. Aber der Teufel tat das Seine …«

Aber der Teufel tat das Seine.

Der Ethnograph unter den Belletristen wiederholt diesen Satz mehrmals, offenbar gefällt er ihm, er hilft ihm, den Verfall des Beobachteten zu diagnostizieren – eines starken, gutartigen Wesens, pervertiert durch seine eigene Interpretation der Umstände. Auftritt Jewgenij Lwowitsch Schwarz: ein Mann mit eiförmigem Kopf, mit zittrigen Parkinson-Händen (manchmal verließ er das Telegraphenamt unverrichteter Dinge, seine Hände zitterten so, dass er sich außerstande sah, mit der rostigen, tückischen kleinen Feder seine Buchstabenraupe zu malen; die Schlange hinter ihm rumorte bösartig-angewidert). Dieses Männlein, dem die Gabe des Vergessens, Vergebens und Übersehens vollkommen fehlte, war in seiner ganzen mit seelischen Geschwüren übersäten Generation (und das ist noch steril ausgedrückt – manchmal versuche ich mir vorzustellen, die psychische Zerrüttung dieser Leute wäre physisch sicht- und spürbar gewesen – wie hätten sie alle ausgesehen! …) wahrscheinlich der Scharfsichtigste, Spitzfingrigste. Schwarz war giftig (weil ungeheuer verletzlich) und leichtsinnig furchtlos – er war einer der ganz wenigen »wertvollen« Leute, die sich im Herbst 1941 nicht aus der Hungerleiderstadt (wie Bianchi sie später launig nannte) ausfliegen ließen. Als man ihn herausholte, war es schon Winter, und Schwarz war in dystrophischem Delirium und Psychose versunken.

Seine Photographien, vor allem im Kreis seiner Freundinnen, treten deutlich aus dem Strom der Zeit hervor – die scharfen, spöttischen, feingezeichneten Gesichter strahlen wie von innen beleuchtete Muscheln. Jewgenij Schwarz war von quälender Großmut: In seinen Kontorbüchern hält er nicht fest, wer von seinen Freunden ein Denunziant war, wer ein Intrigant, wer ein Hysteriker und wer ein Verleumder. Vergleicht man die Protokolle der Sitzungen, auf denen seine Freunde herumkasperten und kreischend seine gefährliche Stümperei anprangerten, mit Schwarz' späteren Notizen über dieselben Leute, ist man starr vor Staunen – hat er ihnen wirklich so sehr verziehen? Oder so ganz die Verbindung zu ihnen in sich abgetötet?

Wie all die anderen Spötter, die in der goldenen Zeit allmonatlich für den *Zeisig* und den *Igel* reimten, krähten, miauten und blökten, war Schwarz ein Freigeist, das heißt, er fasste eigene und fremde Laster allegorisch auf – daher die Wahl des Genres (die Rede ist schließlich von Geschichten und Geschichtenerzählern), daher auch der Refrain: Der Teufel tat das Seine. Was Schwarz interessierte und uns in seiner Nachfolge interessiert, war das allegorische Duell zwischen der Seele des Menschen und dem Teufel der Epoche, die erbärmlichen Finten, mit denen die Bewohner jener Jahre versuchten, diesem Teufel gleichzeitig zu gefallen und sich vor ihm zu verstecken.

Kurz nach seinem zweiten Schlaganfall sagte Bianchi zu Schwarz: »Wenn du wissen willst, was ein Mensch nach einem Schlaganfall fühlt, setz diese Brille auf.« Auf dem Tisch lag eine Brille mit schwarzen Gläsern, durch die die Welt wie abgedunkelt schien. Der Geschichtenerzähler Bianchi war am Ende von schwarzem Licht umhüllt, der Geschichtenerzähler Schwarz bemerkte das und notierte es deprimiert.

Übersetztes Weiß

Sein Urgroßvater, ein Opernsänger, hieß mit Nachnamen Weiß; auf Bitten seines Impresarios übersetzte er sich für eine Italientournee ins Italienische – Klang und Tonart wurden anders, aber die Farbe blieb. Der Klang war jetzt leicht, er stieg auf wie eine Luft-

blase, wie ein Bläschen, das über ein weißes, schnee-
weißes Feld schwebt, nur ganz am Rand sieht man
müde kleine Pfotenspuren: Erratet ihr, Kinder, von
wem?

Der Junge schlurft an einem Schaukasten mit ausge-
stopften Tieren vorbei – unterm Silberhuf eines sor-
genvollen Hirschs mit totem Blick und nervösen
Nüstern (noch so ein Schuss, und die Arbeit des Prä-
parators ist beim Teufel!) ist ein toter Pilz gewachsen,
dicht an dicht stehen diese gläsernen Pilze zu Füßen
der Bälge – wahrscheinlich, damit kein Zweifel auf-
kommt in uns, sondern vielmehr ein Wiedererkennen
der Formen des Nichtlebens, und beschämende Zärt-
lichkeit. Über dem Kopf des Hirschs klebt ein mit Sägespänen ausgestopfter Specht. Das tote Vogelauge
kennt keine Sorge, es blickt weltoffen und zielstrebig.

Die Bälge waren grässlich, erinnert der alte Bianchi
sich am Ende seiner Geschichte. Wie macht man sie
bloß wieder lebendig, fragt der alte Bianchi mit Kinderstimme. Man braucht gute, starke Worte dafür.
»Hier bedarf es der Dichtung«: dieses sperrige, papierene Wort hat er sein Leben lang mit sich herumgetragen – umsonst.

Vor der Ornithologie ritt der Knabe, ritt den Knaben
ein anderes Steckenpferd: Fußball. Er kickte für die

ruhmreichen Vereine »Petrowskij«, »Newa«, »Unitas«. War Pokalsieger, nebenbei bemerkt, beim Petersburger Frühjahrscup 1913. Der Frühjahrscup ... Aprilwind weht von der Newa herüber, er saugt sich voll mit dem Geruch von graubraunem, mürbem Eis. Die Rostra-Diven halten ihre fröhlichen steifen Brustwarzen in den Wind.

Bianchi, ein großer Knabe in Stutzen, mit schweißnasser Stirn und perlenden Schläfen, mit störrischem, fettigem Haar, treibt den Ball vor sich her: Sein Atem wird spitz und freudig-schmerzhaft.

Der Vater, ein berühmter Ornithologe – in seinem Gefolge war der Kleine durch die breitfenstrigen leeren Museumssäle getappt –, hielt nichts vom Fußball, er wollte in seinem Sohn eine Replik seiner selbst sehen, naturgemäß. Der Sohn schrieb sich brav an der Mathematisch-Naturwissenschaftlichen Fakultät der Petrograder Universität ein, brachte sein Studium aber nicht zu Ende, denn zu Ende ging alles von selbst.

Kein Warmblüter

Verhinderter Student, verhinderter Dichter, verhinderter Wissenschaftler. »Gebranntes Kind bleibt empfindlich und schwach.« Gebranntes, bemerkt Schwarz
– der nicht gewillt ist, irgendetwas nicht zu bemer-
ken –, und dem Frost ausgesetztes.

Was soll ich denn tun? Erstarren?

Soll ich still werden? Eis spielen unterm Eis? Die
Form des anbrechenden Winters annehmen? Gefrie-
ren, wie auch dieser Traum gefriert: Eine rosig weiße
Nacht, und die Fontanka fließt wie Tomatensaft aus
einem zerbrochenen Glas in eine Pfütze, aber in Wirklichkeit sind das deine Hände, die bluten. Und ich,
die bis dahin in geziert-distanziertem, sublim-subli-
miertem Verhältnis zu dir stand, ich beuge mich vor,
um diese idiotischen blutigen kaputten Riesenfinger
abzulecken. Und du, dein trunkenes Staunen über-
windend, belehrst mich: »Das ist noch lange kein
Grund sich zu duzen.«

Eis spielen wird wohl das Beste sein.

Bianchi selbst schreibt indessen magische (also gute,
starke und nützliche) Worte über das Vereisen. Keine
Dichtung, sondern das Tagebuch eines Naturforschers;

er leckt an seinem Bleistiftstummel und notiert. Den herbstlichen Kälteeinbruch schildert er wie eine Folter oder einen Liebesakt, es läuft auf dasselbe hinaus: »Die Laubrisswinde zerren dem Wald die letzten Lumpen vom Leib. Hat der Herbst sein erstes Geschäft, das Entkleiden des Waldes, erledigt, geht er ans zweite: Er kühlt das Wasser, macht es kalt und kälter. Die Fische graben sich am Flussgrund ein – sie überwintern dort, wo das Wasser nicht gefriert. Auch an Land kühlt ab, was kein Warmblüter ist. Insekten, Mäuse, Spinnen und Tausendfüßler suchen sich ein Versteck. Die Schlangen huschen in eine trockene Höhle, verknoten sich und erstarren. Die Frösche vergraben sich im Schlick, die Eidechsen schlüpfen hinter die Rinde eines Baumstumpfs und werden stocksteif. Sieben Wetter toben ums Haus: Es nieselt und grieselt, es zaust und braust, es rüttelt und heult und peitscht.«

Eine reglose Schlange werden, an andere reglose Schlangen gelehnt, stocksteif werden, das ist meine Aufgabe für heute. Der Laubriss ist eine Zeit, die man nur mittels Metamorphose übersteht und bewältigt: Indem man das eigene Wesen verändert, bis es eins wird mit dem Hintergrund – dem Schnee, dem Schlamm, der Nacht.

Ein Schlupfloch und JEMAND

Wie erkennt man Weiß auf weißem Grund? Bianchi
hoffte, er würde es wohl erkennen – aber selbst nicht
erkannt werden. Die folgende ist von all seinen Geschichten die furchterregendste.

Der Fuchs und das Mäuslein

Mäuslein, Mäuslein, warum hast du Dreck an der Nase?
Hab Erde gegraben.
Wozu hast du Erde gegraben?
Hab mir eine Höhle gebaut.
Wozu hast du eine Höhle gebaut?
Mich verstecken vor dir, Fuchs.
Mäuslein, Mäuslein, ich laure dir auf!
Aber ich hab ein Schlafkämmerchen in meiner Höhle.
Du wirst Hunger kriegen, dann kommst du raus!
Aber ich hab ein Vorratskämmerchen in meiner Höhle.
Mäuslein, Mäuslein, ich mach sie kaputt, deine Höhle!
Dann find ich ein Schlupfloch – und weg bin ich!

Bianchi wurde wohl häufiger von der sowjetischen
Geheimpolizei verhaftet als die meisten seiner Schrift-
stellerkollegen – ganze fünf (5) Mal. Fünfmal hinter-
einander, immer wieder: die grauenvolle Erwartung
des Unvermeidlichen, die grauenvolle Erleichterung,
wenn das eigentliche Grauen eintritt; die Demütigung,
die Niedergeschlagenheit, die Hoffnung, die Verzweif-

lung, die wochen- und monatelange Betäubung, das Wunder.

Ein Heimatforscher, der Zugang zu den einschlägigen Archiven hatte, berichtet:

»In den Akten des ehemaligen Parteiarchivs des Regionalkomitees der KPdSU stieß ich ganz zufällig auf ein interessantes Dokument: eine am 23. Februar 1925 von der OGPU des Gouvernements Altaj verfasste Anklageschrift gegen eine in Barnaul und Bijsk ansässige Gruppe von Sozialrevolutionären. (Sämtliche Mitglieder waren ›aus Russland zugereist‹, wie man damals sagte.) An mehreren Stellen im Dokument wird Witalij Bianchi erwähnt. Ich führe sie hier an:

›Im November 1918 kommt ein gewisser Witalij Beljanin-Bianchi nach Bijsk, ein Sozialrevolutionär, Mitarbeiter der PSR-Zeitung *Narod*, der mit dem Komitee der Mitglieder der Konstituierenden Versammlung in Verbindung steht und seinen eigentlichen Nachnamen – Bianchi – zu diesem Zeitpunkt wegen der Verfolgung durch Koltschaks weißgardistische Truppen in Beljanin geändert hat. Besagter Beljanin-Bianchi lässt sich mit seiner Frau Sinaida Sacharowitsch in der Wohnung eines örtlichen Sozialrevolutionärs namens Nikolaj Ljubimow nieder, eines Mitglieds der Konstituierenden Versammlung. Über ihn kommt Beljanin-Bianchi in Kontakt mit der lokalen

Organisation der Sozialrevolutionäre … Er findet eine Anstellung als Schreiber zweiten Grades bei der Semstwo-Verwaltung von Bijsk …‹

1921 wurde Bianchi zweimal von der Bijsker Tscheka festgenommen. Zudem saß er drei Wochen als Geisel im Gefängnis.

Im September 1922 wurde er vor einer bevorstehenden neuen Verhaftung gewarnt; daraufhin besorgte er sich einen Dienstreiseausweis und fuhr mit seiner Familie nach Petrograd.

Ende 1925 wurde Bianchi wieder verhaftet und für seine Mitgliedschaft in einer fiktiven Untergrundorganisation zu drei Jahren Verbannung nach Uralsk verurteilt. 1928 erhielt er (nachdem sich unter vielen anderen auch Gorkij für ihn eingesetzt hatte, mit einer Eingabe an Geheimdienstchef Jagoda) die Erlaubnis, nach Nowgorod zu ziehen und schließlich auch nach Leningrad. Im November 1932 folgte eine weitere Verhaftung. Nach dreieinhalb Wochen wurde er ›aus Mangel an Beweisen‹ wieder freigelassen. Im März 1935 wurde Bianchi als ›Sohn eines Nobilitierten, ehemaliger Sozialrevolutionär und aktiver Teilnehmer des bewaffneten Aufstands gegen die Sowjetmacht‹ erneut verhaftet und zu fünf Jahren Verbannung in die Akjubinsker Oblast verurteilt. Nur dank der Fürsprache von Gorkijs Frau Jekaterina Peschkowa wurde die Verbannung aufgehoben, und Bianchi kam frei.«

Die meisten seiner Geschichten handeln von Jagd und Verfolgung, von Lebensgefahr und Kampf.

Das Erstaunlichste ist aber ihr Ton: keinerlei Sentimentalität, keinerlei Mitgefühl mit dem Verfolgten, Gestrauchelten. Tode aller Art, Grausamkeiten aller Art liegen schlicht in der Natur der Dinge.

»Wenn du einen Vogel mit einem Metallring am Fuß tötest, nimm den Ring ab und schicke ihn in die Beringungszentrale. Wenn du einen Vogel mit einem Ring fängst, notiere dir die auf den Ring geprägten Buchstaben und die Nummer. Wenn du den Vogel nicht selber tötest oder fängst, sondern ein Jäger oder Vogelfänger, den du kennst, dann erkläre ihm, was er damit machen soll.« Es gibt kein Erbarmen, der Jäger hat immer recht, und der Jäger will fassen, packen und töten, er will seine Beute zum Balg machen. Jedes Opfer hat eine Chance, sich zu retten, behauptet Bianchi. Armer Idiot, wenn du die deine nicht nutzen, sie nicht erkennen würdest.

»Windstoß«

Zu Anfang hatten all diese Wörter, diese Vogelschat-
ten, dieser Riese mit der Zwergenstimme keine Form
in mir, sie sahen so aus (der Herbst ging eben erst zu
Ende, und im dunklen Amherst seufzten überall die
Eulen, die von irgendwoher in Scharen eingeflogen
waren):

Der Schriftsteller Bianchi, ein bauchig-bedrohlicher Bacchus
Bohrt mit dicklichen Fingern in unguten Wunden
Froststarrer Erde und daher (daraus)
Tropft ihm entgegen: Sinn-Gewinn-Trost-und-Wunder,
Suffnüchtern hochtrabend schwach, kennt er alles und jede
Wurzel und Knolle, er schreibt er streicht durchs Gebüsch.
Der gefrierende Wald fängt ihn ein und stopft ihm die Kehle
Mit feuchtem fasrigem Wind, und ringsum die Black Box
Des Nachthimmels kippt in den Winter.
....
Was hast du geschafft vorm Frost, bist du endlich du?
Was hast du geschafft vorm Frost, bist endlich schuhu?
Was hast du geschafft vorm Frost, allein immerzu?

Hier schläft die Autorin ein, und die Eulen mit ihr.
Die Autorin träumt von den Versen eines anderen
Autors:

Brüllend fegt der Wind schluchtabwärts
Schiebt das Wasser an den Fels

Fährt der Ente ins Gefieder
Scheucht sie auf mit seinem Pfiff.
Packt die Elster überm Wäldchen,
Steigt mit ihr zum Himmel, fällt
Tief hinunter in die Wellen,
Taucht ins Dunkle und wird still.

Was er am besten kann, ist Vögel beobachten.

Aufzeichnungen eines Ornithologen

Wozu Witalij Bianchi ins belagerte Leningrad fuhr, wie er dort hinkam, darüber erfahren wir nur Undeutliches: um den Kollegen dort Essen zu bringen oder um bei den Kollegen dort Essen zu holen (beide Versionen überraschen), zum Sehen und Gesehenwerden, zur Strafe für sich selbst? Nach seiner Rückkehr wurde er krank, legte sich hin und blieb fürs Erste liegen.

Das zeigen auch die Aufzeichnungen im Tagebuch:
   6. April. Gelegen.
   7. April. Gelegen.
   8. April. Gelegen.

Das Gesehene und Gehörte hat er aber gut dokumentiert und gut (also bis zur Minute seines Todes) versteckt. Ich wage zu behaupten, dass der Amateurnaturforscher Bianchi unter allen Besuchern während der Blockade der fähigste, der hellhörigste und systematischste Beschreiber war: Er hat das, was nicht mit anzusehen war, inspiziert und klassifiziert. Ihren Leser allerdings haben seine Aufzeichnungen (die mittlerweile durchaus publiziert sind) nicht gefunden.

Sie sind vorbeigerauscht: eine dieser scheußlichen Breitseiten aus dem Jahr 1941, denen das heutige Publikum dem Anschein nach genauso auszuweichen versucht, wie seine unglücklichen Vorfahren in den für die deutschen Piloten so offen einsehbaren, wohlbekannten Straßen der belagerten Stadt den Geschossen auswichen.

Als Wissenschaftler – ein verhinderter, gescheiterter Wissenschaftler, aber immerhin – teilte Bianchi seine Eindrücke in phänomenologische Rubriken ein: der Stil der Blockade, der Humor der Blockade, die Apathie, das Lächeln, die Sprache der Blockade, die Stadt in der Blockade, die Frauen in der Blockade, die Juden in der Blockade – das heißt, er hat innerhalb von zwei Wochen erfasst, was wir noch nicht einmal formuliert haben: dass die Blockade eine Zivilisation für sich war, mit all den Spezifika, die menschliche Gemeinschaften auszeichnen.

Gelächelt wird hier folgendermaßen.
    Geschäfte macht man folgendermaßen.
    Angst hat man auf diese, keine Angst mehr auf jene Weise.

Witze macht man hier wie folgt – und an diesem Punkt treffen sie aufeinander: Bianchi zitiert Schwarz als einen der größten Witzemacher der Blockade. Da Schwarz die Stadt schon im Dezember verlassen hatte, kann man schließen, dass seine Witze selbständig bis zum Frühjahr durchgehalten hatten – sie waren nicht weggetaut (in dieser Stadt taute überhaupt nichts).

An diesem Punkt also trafen sie sich – zwei gegensätzliche Geschichtenerzähler der Leningrader Epoche, zwei zaubernde Verwandlungskünstler und Pädagogen. Bären und Drachen des einen, Glühwürmchen, Meisen und Spitzmäuse des anderen sind nichts als Metaphern für das Blockadedasein. Sie selbst wurden von der Epoche in läppische Märchenerzähler verwandelt, die ihre grausigen und hinreißenden Beobachtungen zur Natur des Menschen gezwungenermaßen tarnten.

Von dem Blockadewitzbold Schwarz stammt das wichtigste uns bekannte Buch über das Phänomen der »Leningrader Literatur der hochsowjetischen Ära«, sein *Telefonbuch* (auch bekannt als *Kontorbuch*) – ein Panoptikum der psychischen Deformationen und Beschädigungen. Zwischen anderen Opfern des Jahrhunderts figuriert dort unter Buchstabe »D« ein Kardiologe, dessen Hände verbrannt waren. Zu diesen viel zu rosigen, zarten, glänzenden Händen notiert D.s Patient Schwarz: »Ihm war bei einem Experiment ein Sauerstoffballon explodiert, der Türrahmen hatte sich verzogen, und er hatte versucht, die brennenden Türflügel mit den Händen zu öffnen. Seine Hände waren so schwer verbrannt, dass man sie nur mit knapper Not retten konnte. Er gilt als einer der besten Kardiologen der Stadt. Man hat ihn – aus Gründen, die von Wissenschaft weit entfernt sind – halb totgeschlagen, aber ob davon in seiner Seele ähnlich deformierte Stellen zurückgeblieben sind wie an den Händen, ist nicht zu erkennen.« Das war es, was er wollte: erkennen, ins Innere blicken.

Die Blockade bleibt das wichtigste Ereignis der Schwarz'schen Leningrader Ära – wobei sein gewähltes Thema, von dem zu sprechen er sich immer wieder vornimmt, der TERROR ist; darin sieht er seine Hauptaufgabe. Doch es trägt ihn in den Blockadewinter, den Winter, der auf den Terror folgt – er kann sich nicht beherrschen, er kann nicht nicht davon sprechen. Dieser Winter erhellt und erklärt alles für ihn, was die vorangegangenen Säuberungen verwirrt und getrübt haben. Praktisch jedes Thema, jede Figur, jede Person des *Telefonbuchs* erinnert ihn daran, zerrt ihn dorthin; er erinnert sich an Dächer, Bomben, Luftschutzkeller, die Gesichter und Gespräche der Nachbarn im Dunkeln, vor allem aber an sein gescheitertes Vorhaben, schon damals, auf der Stelle, solange die Wörter noch frisch waren, über all das zu schreiben, er erinnert sich an sein gescheitertes Theaterstück, in dem er den einen, zentralen Eindruck beschreiben wollte: die endlose Nacht der Blockade.

»Wir stiegen die Treppe hinab bis ans unterste Ende und drückten uns wie Hexen in die Ecke, und über uns kreisten und kreisten in einem fort die Flugzeuge mit ihrem technisch-tierischen Gebrüll, und bei jeder neuen Runde warfen sie Bomben ab. Ein Schuss, ein trockenes Knacken, wenn es ein Treffer war, und der flache Blechvogel breitet die Blechflügel aus.«

Diese Vogelmetapher ist die einzige Stelle, an der ihre Ansichten von der Blockade sich treffen – Bianchis Aufzeichnungen tragen dieselbe Metapher schon im Titel: »Die Stadt, aus der die Vögel verschwunden sind.« Für ihn ist das ein Euphemismus, eine Chiffre der Verdammnis, seine persönliche Absage an die Hoffnung.

Schwarz' Notizbuch ist eine Klage um das Entwurf gebliebene Stück. Nur in den fragmentarischen, grob zusammengehefteten Menschensujets dieses Buchs ersteht die Blockade wieder auf: als rechter Ort für die Seele eines Leningrader Intellektuellen, der die dreißiger Jahre durchlebt hat, oder mit anderen Worten: als Hölle – das einzige Tal, wo die Feiglingsseele leben kann, die Sklavenseele, die Verräterseele, die immerzu schmerzt, die nie und nirgends ohne Schmerzen ist. Die Leningrader Wort- und Überlebenskünstler verlieren vor den Augen des Zeugen Schwarz den Verstand (später finden sie ihn widerwillig und langsam wieder), fallen lautlos, wie Herbstlaub, in Ohnmacht beim Verlassen der Foltersitzungssäle, üben sich stetig in der Kunst der Verleumdung. Seine Titanen, seine Lieblingsfeinde (unvergleichlich die Glut seiner elegischen, erotischen Hassliebe zu Olejnikow) hat Schwarz begraben, verabschiedet, aus den Augen verloren; statt auf sie fällt sein Blick auf die Wojewodins, die Ryss, die Asarows und das übrige von der Epoche feinpürierte Kroppzeug. Für diese Figuren bedeutet die Blockade eine Beruhigung, sie ist das, was er probehalber einmal als gutartiges Unglück bezeichnet hat: eines, in dem man umkommt – aber nicht in Versuchung.

Kann man sagen, dass die Blockade auch für Bianchi ein gutartiges Unglück war?

Es gibt den Begriff der »Sturzgeburt« – das Kind stürzt ins Licht der Welt, es stürzt aus der Mutter heraus, die solchen Schmerz nicht gewöhnt ist.

Die überstürzte Blockade Bianchis, der der Stadt einen plötzlichen Kurzbesuch abstattet, ist eine Sturzgeburt des Wissens. Er sieht alles, er ist an nichts gewöhnt, in nichts hineingewachsen, für ihn sind Sinn und Glaube noch nicht nach und nach aus dem Leben verschwunden. Die Schwingen des Flugzeugs (das umgehend mit einem Vogel verglichen wird, Bianchi kann nicht anders) haben ihn an den Ort eines hoffnungslosen, lückenlosen Verderbens getragen, das er bislang nur aus den jämmerlichen Entschuldigungsbriefen seiner sterbenden Leningrader Freunde kannte.

Was Schwarz an der Blockade interessierte, waren die Menschen, vorzugsweise die Statisten (die Hauptdarsteller hatten sich mehrheitlich noch zur warmen Jahreszeit in den Osten des Landes verflüchtigt): Kinder, alte Frauen, Hausmeister, glücklose Verwalter und Spione, fast keiner von ihnen sollte den nächsten Frühling erleben.

Bianchi aber, den das Wort »Dichtung« von Kindheit an reizt, interessiert sich für Metaphern – sprich: für hybride Monster –, in denen Vögel und Fische mit

Flugzeugen zusammenwachsen und Glühwürmchen mit phosphoreszierenden Anstecknadeln: Als was maskieren sich die Bruchstücke des Blockadedaseins, welche Gestalt nehmen sie an? Bei ihm ist die Blockade eine Naturerscheinung, es entsteht eine Art Naturphilosophie der Blockadesituation: Schon vom ersten Eindruck an ist alles daran widernatürlich, die Flügel des Flugzeugs sind – anders als bei seinen zahllosen Blaukehlchen und Staren – starr, und überhaupt ist das kein Vogel, sondern ein Fisch, ein Luftfisch. Ein grässlicher Balg!

Er versucht, alles zu erfassen in der belagerten Stadt, und findet keine direkten Worte dafür (wahrscheinlich wird er deshalb auch krank), also rekonstruiert er es metaphorisch, und die tote Stadt wird lebendig, sie stellt sich lebendig – wie ein Schaukasten im Museum: »Die Stadt umschließt uns von allen Seiten. Langsam, wie in Zeitlupe, schleppen die Menschen sich vorwärts. Eigentlich sind es keine Menschen, sondern Affen, Nasenaffen. Besonders die Frauen haben knochige Gesichter, eingefallene Wangen – und ungewöhnlich vorspringende, vergrößerte Nasen ...«

Wie damals im Schaukasten seiner Kindheit lässt sich nicht unterscheiden, was tot und was lebendig ist, was ein Nasenaffe und was ein dystrophisch vergrößertes, deformiertes Blockadewesen.

Nach seiner Rückkehr aus der toten Stadt schrieb er ein miserables Gedicht – das tat er häufig in Momenten der Erschütterung, er verplapperte sich:

> Schmerzhaft, reißend kalte Tage,
> Stetig wächst der Menschen Not –
> Quälend, pochend tönt die Frage:
> Womit verdienten sie den Tod?

Zilpzalp. Kleines Vogel-Abrakadabra

Nach seiner Rückkehr aus der toten Stadt ruhte er sich aus, kritzelte etwas in seine Geheimkladde und nahm dann seine Gänge in den Wald wieder auf, stand einfach da, mal mit offenen, mal mit geschlossenen Augen, lauschend, schnuppernd, spähend. Bianchis Lebensraum ist uns fremd, seine Worte sind dunkel und deshalb verlockend, sie irritieren und haben doch auch mit uns zu tun:

»In feuchten Büschen sieht man jetzt wieder leuchtende Blaukehlchen und bunte Wiesenschmätzer, im dichten Unterholz versteckt sich der silbrige Zilpzalp. Heimgekehrt sind die rosabrüstigen Neuntöter (aus der Familie der Würger) und die Kampfläufer mit ihrem prächtigen Federkragen, aus fernen Landen zurück sind Tüpfelsumpfhuhn, Wachtelkönig und die türkisfarbene Blauracke.«

Was um alles in der Welt sind das für Geschöpfe? Woran, an was für unmögliche, komische Wunderwesen denken Sie bei dem Satz »Heimgekehrt sind die rosabrüstigen Neuntöter«? Es ist vollkommen offensichtlich, es ist so vollkommen wie offensichtlich, dass der Autor sie allesamt erfunden hat: Vor uns liegt ein fremder Planet, entstanden aus der Phantasie eines Menschen, der keinen zwingenden Grund sah, auf dem eigenen Planeten zu leben.

Zilpzalp? Was soll das sein, ein Zilpzalp? Aber ja doch, bekräftigt Bianchi, wir sind auf unserem eigenen Planeten, in unserem eigenen dichten Unterholz, fremd, blind, stumm, erbärmlich.

Wir wissen (ich weiß) nichts über das Blaukehlchen (Singvogelart aus der Familie der Drosseln (Turdidae). Wird je nach Klassifikation auch mit der ganzen Gattung Luscinia (Nachtigall) zur Familie der Fliegenschnäpper gestellt, die der Ordnung der Sperlingsvögel angehört. Das Blaukehlchen ist mit 13-14 cm Körperlänge etwa so groß wie ein Rotkehlchen und somit etwas kleiner als die verwandte Nachtigall. Gewicht der Männchen 15-23g, der Weibchen 13-21g. Oberseite braun oder graubraun, Bürzelgefieder rot-

braun. Kinn und Kehle sind blau mit rostrotem Fleck
in der Mitte; der Fleck kann auch weiß oder weiß um-
randet sein. Die blaue Färbung schließt nach unten
mit einem schwarzen Rand ab, darunter zieht sich ein
rostroter Streifen quer über die Brust. Der Schwanz
ist unten rostrot, oben schwarzbraun, die beiden
mittleren Steuerfedern sind braun. Beim Weibchen
fehlt die blaue und rostrote Färbung. Der Hals ist
hellbeige und von einem dunklen Brustband begrenzt. Der Schnabel ist schwarz, die Beine und
Füße schwarzbraun.

Ganz gleich, wie Kinn und Kehle gefärbt sind, wer
sich in diese Prosa vertieft, taucht in eine ausgedach-
te, wohlbedachte Welt ein. Je weiter man vordringt in
diese taubenblau-rabenschwarze, türkisfarbene Sprache, desto weniger hört man die Wellen gegen den
Universitätsquai schlagen, desto weiter entfernt sich
das Geflimmer und Geflunker der Stadt mit ihren
Schriftstellern – einer ist des anderen Stachel, einer
trinkt des anderen Gift – und ihren Schriftstellerbüh-
nen. Es bleibt nur Bianchi, er bleibt allein, er schreitet
durch die kalte, sumpfige Brühe, er ist ganz Ohr – hier
für die Stimmen der Vögel, da für die Stimmen der Fische. Wie der dumme Wanja im Märchen, der sich vor
dem Zaren verstecken will und in ein Wäldchen gerät
und dem die Augen aufgehen. »Ich plane, ein Wörterbuch der Sprache der hiesigen Gegend zu verfassen.«

Der unhiesigen Gegend! In seiner nächsten Selbstver-
bannung, im Dorf Michejewo, Kreis Moschenskoje,
wo er im ersten Kriegswinter untergeschlüpft ist, sammelt er unaufhörlich weiter die Zauberwörter, die ihn
schützen werden: eine versteckte, unsichtbare Sprache, eine Sammlung echter Wörter – daran glaubt er.

Glückliches Ende

»Einmal haben unsere Waldkorrespondenten das Eis
auf einem zugefrorenen Teich aufgehackt und den
Schlick am Grund hervorgeholt. Im Schlick lagen
lauter Frösche, die sich für den Winter dort eingegra-
ben hatten. Ans Licht geholt, waren sie wie aus Glas.
Ihr Körper war sehr zerbrechlich. Schon beim leich-
testen Stoß brachen die dünnen Beinchen ab, und dabei ertönte ein leichtes, helles Knacken. Unsere Waldkorrespondenten nahmen einige Frösche mit nach
Hause. Vorsichtig tauten sie die gefrorenen Tierchen
im warmen Zimmer auf. Die Fröschlein wurden allmählich wieder lebendig, und bald hüpften sie auf
dem Boden herum.«

Und weg ist er.

LEBENDE BILDER
Ein dokumentarisches Märchen

Für Viktor Alferow

Handelnde Personen:
Antonina/Totja (37)
Moissej (25)
Anna Pawlowna (70), Aufseherin in der Eremitage

ERSTES BILD
WICKELPUPPEN. NOVEMBER

Auf der halbdunklen Bühne steht ein Tisch. Auf dem Tisch versuchen zwei Menschen, eine Position zu finden, sich irgendwie hinzulegen. Es sind Moissej und Totja. Beide sind in schmutzig weiße Steppdecken und allerlei Lumpen eingewickelt. Allmählich gewöhnen sich die Augen der Zuschauer an das schwache Licht, es wird klar, dass die Handlung in einem Saal der Eremitage spielt. Der Boden ist übersät mit Glassplittern und Sand.

TOTJA Um ehrlich zu sein, lieber Freund, mir ist furchtbar kalt!

Moissej und Totja drehen sich um und um, versuchen näher zusammenzurutschen, fummeln unbeholfen herum; das Ganze erinnert entfernt an die Bewegungen von Robben auf dem Trockenen.

MOISSEJ Und so, besser?

TOTJA Noch kälter …

MOISSEJ Ach je! Aber davon abgesehen?

TOTJA (*leise*): Davon abgesehen habe ich Angst …

MOISSEJ Wie? Totja? Totja! Was haben Sie gesagt? (*Da Moissej in eine Decke gehüllt ist und sein Kopf unter mehreren Schals und einer Damen-Kapuzenmütze steckt, hört er nicht immer gut. Überhaupt ist wichtig, dass die beiden einander ständig rufen, einander zurufen.*)

TOTJA Gottverdammt, Mussja, mein Bester, ich habe Angst! A-hangst!

MOISSEJ Nicht schreien, Totja, bitte … nicht fluchen. Ich mag das nicht. Sosehr ich Sie liebe, Ihre Ausdrucksweise kann ich nicht ertragen! Und bitte keine Klagen, das schadet dem Kampfgeist. Wir waren uns doch einig, dass wir den Mut nicht verlieren wollen. Überhaupt dachte ich, du hast niemals Angst. Weißt du noch, wie Iraklij uns bekanntgemacht hat: »Hoher Besuch, Moissej, darf ich vorstellen, das ist Totja, die schönste Frau von Leningrad … und die furchtloseste … sie hat zahllose Gipfel und Herzen bezwungen!«

TOTJA »Die schamloseste« hat er nicht gesagt?

MOISSEJ Das habe ich selber erraten.

TOTJA (*macht ihn nach*): »Erlauben Sie, Jungfer Moissej, dass ich Ihnen Totja vorstelle, Gipfelstürmerin und Bezwingerin mächtiger, stolzer Hosenställe! Sie hat einen ganzen Kaukasus männlicher Begierden und Eitelkeiten bestiegen! Das interessanteste Don-Juan-Register der Stadt der drei Revolutionen stammt von ihr ...«

MOISSEJ Nicht vulgär werden, Totja! Von jetzt an kassiere ich jedes Mal eine Strafe! Jede Schlüpfrigkeit kostet Sie ... einen Kuss!

TOTJA Aber gerne, so viel du willst. Ich dachte schon, du willst mir Zigaretten abknöpfen oder, Gott bewahre, etwas Süßes ... eins von meinen Zuckerchen ... meinen lieben, kleinen Bonbons ... Küsse kannst du haben, ich werde dich nur erst auswickeln müssen jedes Mal ... und dann wieder ein. Auswickeln, einwickeln, auswickeln ...

MOISSEJ O ja, ich bestehe darauf! Sonst verrohen und vertieren wir noch ganz in dieser Hölle! Wilde Tiere werden wir ... (*Er hampelt aufgeregt/bekümmert herum, verliert das Gleichgewicht und fällt/ rollt vom Tisch.*)

TOTJA Moissej!

Pause. Stille.

Mussja! ... Wo bist du? Bist du runtergefallen? Weggerollt? Hast du dir wehgetan? Wo bist du denn, ich
sehe dich nicht!

Von unten hört man Moissej leise lachen oder winseln.

TOTJA Moissej, was ist mit dir? Wo bist du? (*Sie bekommt einen Hustenanfall.*)
MOISSEJ Hier ... Als ich eben so gerollt bin, dachte
ich, jetzt bin ich wie unsere liebe Mumie aus dem
Ägyptischen Saal, du weißt schon! Mumie eines
Priesters, 10. Jahrhundert vor unserer Zeit, Erhaltungszustand befriedigend.
TOTJA Ja, den habe ich in meinen jungen Jahren oft
besucht ... ich habe mir immer wieder seinen Namen vorgesagt: Pa-di-ist ... ich konnte ihn mir einfach nicht merken. Am Anfang dachte ich jedes
Mal, wieso beißt der sich so auf die Lippen, wieso
grinst der so dreckig, ich hatte immer das Gefühl,
er lacht mich aus ... damals, als Mascha verhaftet
und wieder freigelassen wurde ... und als Iraklij
verhaftet wurde ... und wieder freigelassen ... und
als mein Vater verhaftet und wieder freigelassen
und wieder verhaftet wurde ... jetzt lacht er uns
alle aus ... jetzt ist nicht mehr nur er mumifiziert,
wir sind alle ... oder werden bald ... wie er ...
(*Sie verfällt plötzlich in lastendes Schweigen.*)
MOISSEJ Totja? Warum sagst du nichts mehr? Nicht

schweigen! Ich habe Angst, wenn es so still ist ...
was ist das bloß, einmal schweigt sie, einmal flucht
sie ...

TOTJA Pa-di-ist ... so nennen sie sie dort jetzt
auch ...

MOISSEJ Wen nennen sie so? Wie? Wo?

TOTJA Das hat mir dieser Mensch erzählt, du weißt
schon, unser Hausmeister ... eine fiese Fresse übrigens, eine extrem fiese Fresse! Solche Backen! Wickelpuppen nennen sie sie, die sie auf der Straße
finden, oder Mumien, oder, das ist das Allerbeste,
Blumen ... Schneeglöckchen ...

MOISSEJ Blumen? Wieso denn Blumen?

TOTJA Weil man sie so ablegt ... vor den Kranken-
häusern ... den Hauseingängen ... an Straßenlater-
nen ... in bunte Fetzen oder Decken gewickelt, damit sie leichter zu finden sind ... die sie finden, sagen
Blumen zu ihnen ... gehn wir Blumen pflücken ...

MOISSEJ Herr im Himmel! Aber wieso ausgerechnet Schneeglöckchen?

TOTJA Du hast auch überhaupt keine Phantasie ...
das kennst du doch, wenn es taut und alles unterm
Schnee hervorkommt, ans Licht ... obwohl, es taut
ja nicht, der Schnee liegt schon seit Oktober.

MOISSEJ Merkwürdig, Totja, lauter neue Wörter, als
hätte die Blockade ihre eigene Sprache ...

TOTJA Hat sie auch: eine eigene Sprache, eigene Sit-
ten, eigene Preise, eigene Gesetze ...

MOISSEJ Und ihre eigene Mode!

Moissej schafft es endlich, sich in seiner Decke aufzuset-
zen, er wickelt sich ein bisschen aus / gräbt sich aus sei-
ner Hülle, und man sieht, dass er sich alles umgebun-
den hat, was er finden konnte: Tücher, irgendwelche
Hemden und Jacken, ein kurioses altmodisches Häub-
chen; seine Hände stecken in einem Muff, den er jetzt
aufmerksam und verwundert betrachtet …

MOISSEJ Wenn mir vor einem Jahr jemand gesagt
        hätte, dass ich in Gegenwart meiner Liebsten, in
        der Nähe meiner Liebsten einmal Muff und Häub-
        chen tragen würde … ich wäre … ich wäre äußerst
        erstaunt gewesen! Hörst du, Kleine? Ich war noch
        nicht oft in Muff und Haube bei einem Rendez-
        vous.
TOTJA Sie waren genau genommen überhaupt noch
        nicht oft bei einem Rendezvous … woher kommt ei-
        gentlich dieser Muff, Moissej, woher haben Sie ihn?
MOISSEJ Sind Sie eifersüchtig, Totja … meinetwe-
        gen? Ah, das fühlt sich verflucht angenehm an!
TOTJA Ach je, nein, eifersüchtig … nein … ich denke
        nur … ich denke daran, wo ich das Wort »Muff«
        zum ersten Mal gehört habe, woher ich es selber
        kenne. Meine Mutter hat uns das Märchen von
        der Schneekönigin vorgelesen – mir und Mascha …
        erinnerst du dich an das Buch?

MOISSEJ Das gelbe, die Hansen-Übersetzung? Ich weiß sogar sogar noch, wie es roch! Ich liebe den Geruch von Büchern …

TOTJA (*deklamiert mit* »*kindlicher*«, *aber grimmiger Stimme*): Sie und Gerda saßen im Wagen und dann fuhren sie über Stoppeln und Dornbüsche tiefer in den Wald hinein. Das kleine Räubermädchen war so groß wie Gerda, aber kräftiger, breitschultriger und von dunkler Haut; die Augen waren ganz schwarz, sie sahen fast traurig aus. Sie fasste die kleine Gerda um den Leib und sagte: »Sie sollen dich nicht töten, solange ich nicht böse auf dich werde. Du bist sicher eine Prinzessin?« »Nein«, sagte die kleine Gerda und erzählte ihr alles, was sie erlebt hatte und wie lieb sie den kleinen Kay hatte.

Das Räubermädchen schaute sie ganz ernst an, nickte und sagte: »Sie sollen dich nicht töten, wenn ich auch böse auf dich werden sollte, dann will ich es schon selber tun!« Und dann trocknete sie Gerdas Augen und steckte ihre beiden Hände in den schönen Muff, der so weich und warm war.

MOISSEJ Und so stecke auch ich meine Griffel in diesen schönen Muff … der übrigens völlig zerschlissen ist … scheußlich … aber wieso weißt du das noch so genau? Sogar auswendig?

TOTJA Das war doch unser Lieblingsspiel damals mit Mascha! Märchen nachstellen, das haben wir dauernd gemacht … und die »Schneekönigin« war unser Lieblingsmärchen: so angenehm unheimlich, all diese tote Schönheit. Jeden Abend haben wir Lebende Bilder gestellt, so nannte man das, Tableaux vivants … nach Andersen … nur mich für eine Figur entscheiden fiel mir immer schwer, ich wollte alle sein: das Räubermädchen, aber auch Gerda und auch die Schneekönigin. (*Sie versucht der Reihe nach alle darzustellen.*) Ich konnte sie alle verstehen, verstehst du? Als kleines Mädchen dachte ich irgendwie, sie sind alle ich, und ich bin sie … Mascha hatte um die Zeit schon mit dem Singen angefangen … sie dachte sich ein Lied der Königin aus … das hat sie dauernd gesungen. (*Stimmt eine Melodie an, kommt ins Stocken; Moissej versucht mitzusingen, sehr falsch.*)

MOISSEJ Jetzt bist du eindeutig das Räubermädchen, Totja! Deshalb schimpfst du auch dauernd mit mir und wirst wütend, gleich stürzt du dich auf mich …

TOTJA (*wie im Selbstgespräch, laut nachdenkend*): Und trotzdem, damals dachte ich … ist die Schneekönigin eigentlich schlecht oder gut? Böse oder lieb? Ist sie Kays Tod oder seine Rettung? (*Mit eisiger Schneeköniginnenstimme:*) Nun bekommst du keine Küsse mehr! Denn sonst küsse ich dich tot!

MOISSEJ Ich will aber einen Kuss, Totja! Das ist doch ein Ren-dez-vous hier! Wir haben ein Rendezvous, meine Liebe, und wir sind ganz allein. Die elenden Schatten sitzen alle im Luftschutzkeller ...

TOTJA Mein Ärmster, und was sollen wir anstellen bei diesem Rendezvous?

MOISSEJ Ich will dir aus meinem Tagebuch vorlesen, und eine rauchen will ich mit dir, überhaupt will ich so allerhand ... du musst mir nur ein bisschen helfen ... also ... beim Auswickeln ...

TOTJA Mussja, wir sitzen im Dunkeln, wir haben Ekzeme, Skorbut und blutigen Durchfall ... Was für ein Rendezvous?

MOISSEJ Aber wir haben auch ein bisschen Presskuchen, ein bisschen gebrannten Zucker, ein bisschen Kaffeesatz ... und unsere Ruhe haben wir, liebe Antonina Nikolajewna! Endlich allein! Das tut so gut, weit und breit keine lebende Seele, und auch keine tote!

TOTJA Der Unterschied ist ohnehin nicht groß. Und bitte hör auf, in diesem verzückten Ton zu sprechen, Mussja ... wer weiß schon, zu welcher Kategorie wir beide inzwischen gehören ...

MOISSEJ Sie haben unrecht, Tonja!

TOTJA (*gereizt, verständnislos*): Wer sind wir denn? Und warum siezt du mich schon wieder?

MOISSEJ Ich habe eine Du-Totja und eine Sie-Totja ... manchmal kommst du mir ganz klein und nah vor, wie ein wütendes kleines Mädchen – dann

bist du du, und dann scheinst du mir wieder riesen-
groß und kalt – dann bist du Sie ...

TOTJA Egal ... es macht sowieso keinen Unterschied
mehr ...

MOISSEJ Du hast unrecht, Tonja! Wir leben noch,
wir gehören zur Kategorie der Lebenden, unseren
Bezugsscheinen nach sogar zu den Arbeitern! Und
wir wollen hoffen, dass dieses Pack es nicht wagt,
uns gerade deshalb zu entlassen! Fürs Erste sind
wir jedenfalls am Leben ... manchmal frage ich
mich sogar, ob wir überhaupt sterben können?

TOTJA Aber die anderen ... die haben doch auch alle
gelebt und genauso geredet ... wann warst du das
letzte Mal draußen? Hast du gesehen? Hast du gesehen wie *die* dort im Schnee liegen? Überall!

MOISSEJ Sei still! Ich sehe dich, ich höre dich ... wie
du atmest ... wie du herumgehst! Und wenn ich
das höre, weiß ich, dass alles gerade erst anfängt!
Wir sind noch ganz am Anfang ...

TOTJA (*nüchtern*): Mit meinem Atmen ist es übrigens nicht weit her ... dieser blöde Schnupfen! Hörst
du? (*Atmet.*)

MOISSEJ Du atmest so schön, Totja ... Du bist so
eine gute Atmerin – die beste von allen! Ich sage
dir doch, alles fängt gerade erst an, ich weiß es!

TOTJA Liest du im Kaffeesatz, Mussja? Die Zeiten
sind vorbei, heute essen wir unseren Kaffeesatz ...
mit Kusshand! Und weißt du, warum? Weil wir

keine Vorhersagen mehr wagen … wir wagen nicht einmal an die Zukunft zu denken …

Moissej (*grimmig, stur*): Und ich sage dir, alles fängt gerade erst an!

TOTJA Für dich vielleicht, aber ich – ich bin schon siebenunddreißig … neben mir bist du das reinste Kind … mein kleiner Junge … mein Künstler …

MOISSEJ Ich bin kein kleiner Junge, ich bin ein Mann! Nehmen Sie mich zum Mann, Tonetschka? Wir passen so gut zusammen! Der knabenhafte Künstler, die damenhafte Kunsthistorikerin und Kritikerin: Ich werde malen, und du wirst mich rühmen, auf dass mein Name nie vergessen werde … (*Scherzhaft, flehentlich-schnippisch.*) Antonina Nikolajewna, wollen Sie mich zum Mann nehmen?

TOTJA Sie sind ein Knabe, kein Mann! Und stellen Sie nicht so alberne Fragen, sonst wickle ich Sie geich wieder ein!

Totja beginnt Moissej sehr langsam wieder in einen »Kokon« zu verwandeln/einzuhüllen; währenddessen singt sie leise heiser vor sich hin, als wollte sie ihn in den Schlaf wiegen.

ZWEITES BILD
RAHMEN. DEZEMBER

MOISSEJ Ist da jemand? Wer ist da?

TOTJA Umso besser, Moissej, dass keiner da ist. (*Träumerisch, schwelgend.*) Weißt du, was wir beide jetzt machen?

MOISSEJ N-ja?

TOTJA Wir unterhalten uns über Maschas Suppe ...

MOISSEJ Aber das ist gegen die Regel! Wir dürfen nicht von Maschas Suppe reden! Das ist verboten, mein Kind, verboten! Davon wird uns bloß elend!

TOTJA Bohnensuppe, mmm, mit einzelnen Bohnen drin, und dazwischen diese gelben Fettaugen, die ich immer mit dem Löffel angetippt habe ...

MOISSEJ Unter Strafe verboten! Wir haben doch abgemacht, dass wir nicht vom Essen reden, nur von später – darüber rede ich so gerne, Totja! Später, wenn das hier erst zu Ende ist ... wenn es vorbei ist ...

TOTJA Was für ein Später, Mussja, begreifst du denn nicht? Es wird nie vorbei sein! Ich zähle jeden Tag, und es geht und geht nicht vorbei ... gestern waren es hundert Tage ... ich dachte, bestimmt sagen sie es im Radio an, aber denen fällt außer siegreichen Schlachten und der heroischen Heimatfront ja nichts ein. Sie sitzen in der Scheiße und preisen sich glücklich.

MOISSEJ Alles hat ein Ende, Totja, auch das hier. Ich
werde dir tausend prächtige Bilder malen, schnelle,
schreckliche, schöne, hässliche ... Ich male dir alle
Bilder, die du willst, und dir wird jedes einzelne gefallen ... du wirst lachen!

TOTJA (spöttisch): Wirklich, jedes einzelne?

MOISSEJ Nein, das war Blödsinn ... nur manchmal
eines, ganz selten ... du wirst sie mit deinen eisigen
blauen Augen anschauen, und dann sagst du mit
strenger, eisiger Stimme ... mit so einem leisen
Klirren, wie die Eiszapfen bei uns im Luftschutzkeller ... »Nein, Moissej, was haben Sie denn da
wieder ... hingepupst!«

TOTJA Egal, auch wenn es »hingepupst« ist, werde
ich dich loben und überall mit dir angeben! Ich
werde so stolz sein auf dich.

MOISSEJ Dein Lob kenne ich ... ich weiß noch, wie
du Picasso gelobt hast bei unserem ersten Rendezvous: »*Putain*, Moissej, er kennt einfach nur groß-
flächige Lösungen ...«

TOTJA Was hätte ich auch sonst sagen sollen zu diesem Herzchen ...

*Sie verstummen mitten im Satz. Jemand mit einem Öl-
licht in der Hand durchquert den dunklen Raum. Man
sieht die kleine Flamme im Dunkeln »vorbeigehen«.
Totja und Moissej beobachten sie angespannt.*

»DIE FLAMME« *(heiser, piepsig)*: Huch! Ist da wer?

MOISSEJ UND TOTJA Ist da wer?

ANNA PAWLOWNA Ach, Antonina Nikolajewna! Was machen Sie denn hier, meine Gute? Warum sind Sie nicht im Keller? Ich begreife Sie nicht! (*Sie sieht Moissej und Totja an, blickt sich im Raum um.*) Sie erfrieren doch hier oben! Im Keller ist es um einiges gemütlicher, glauben Sie mir … lebhafter …

TOTJA Lebhafter?! Ja, es liegen ja auch schon zweiunddreißig überaus lebhafte Leute bei euch da unten…

MOISSEJ Bitte, Totinka, wir wollen jetzt nicht … fang nicht davon an, das macht dich nur unglücklich …

TOTJA (*störrisch, mit furchteinflößender, lebloser Stimme, am Rande der Hysterie*): Sonja liegt dort, und Olga Petrowna, und der rothaarige Kolja und der blonde Kolja und die alte Hexe Konzewitsch und Iraklij … Iraklij …

MOISSEJ Totja, quäl dich nicht! Lass es!

TOTJA (*hustend/lachend, zunehmend hysterisch*): »Wissen Sie noch«, sagt Iraklij zu mir, »wie Sie Cézannes *Blaue Äpfel* ans Fenster gehängt haben, Totja? Was habe ich mich über Sie geärgert!« Und das war's, »geärgert« hat er sich, und Punkt. Ich sagte: »Sie sind ein komischer Vogel, Iraklij! Am Fenster ist doch Licht, es kommt Farbe herein von der Newa, so ein Blau! Spüren Sie das nicht?

Haben Sie überhaupt irgendein Gespür für Farbe?« ... Und er: »Was wissen Sie Dummerchen
schon davon, wie so ein Blau sich bewegt. Hier
zum Beispiel fließt es, es strömt ... und hier überhaupt nicht ...« Das waren seine Worte, (*gedehnt*)
Dum-mer-chen ...

ANNA PAWLOWNA Jetzt gehen Sie aber zu weit, meine Liebe! Sie übertreiben ...

TOTJA Keine Spur! »Hier fließt es, und hier überhaupt nicht« ... ich war einfach ein Dummerchen
für ihn. Wissen Sie, was unser Kindermädchen immer gesagt hat? »Wo andere ein Hirn haben, da hat
bei Tonka der Kater hingeschissen ...«

ANNA PAWLOWNA Ich bitte Sie, Antonina Nikolajewna ... Schauen Sie, unser Adrian Leonidowitsch zum Beispiel, der lässt sich nicht unter-
kriegen! Er ist so tüchtig! Dieser Tage hat er eine
verbesserte Form des Kanonenofens erfunden! Und
wissen Sie, was ihn dazu inspiriert hat? Ein Kachel-
ofen aus dem 16. Jahrhundert – übrigens das Thema seiner Dissertation ...

TOTJA Manchmal kommt es mir vor, also würden
wir in der Zeit rückwärtsgehen, jetzt heizen wir
schon Renaissance-Öfen ... mein kleiner Moissej
schreibt pausenlos in sein kleines Tagebuch, er
sieht zwar nichts mehr, er ist blind wie ein Maulwurf, und seine Pfoten sind zu nichts mehr zu ge-
brauchen, aber er kritzelt immer weiter im trüben

Licht des Kienspans. »Tagebuch eines Höhlenmenschen« heißt das Ganze ... Und Sie, Anna Pawlowna, in welche Höhle sind Sie heute unterwegs?

ANNA PAWLOWNA (*etwas verlegen, aber zugleich stolz und unbeugsam*): Ich ... ich will zu ihm ...

TOTJA UND MOISSEJ (*spöttisch-erstaunt*): Zu Rembrandt mal wieder?

TOTJA Aber der Saal ist doch komplett leer ... und so unheimlich, Anna Pawlowna! Was wollen Sie denn dort ganz allein?

ANNA PAWLOWNA Sie sollten sich schämen, meine Liebe. Was glauben Sie denn? Jahrhundertelang hätten sie alle hier gelebt, und plötzlich sollen sie nicht mehr da sein, nur wegen einer Evakuierung? Wegen dieser verfluchten Blockade? Ich habe fünfzig Jahre mit ihnen verbracht, jede ihrer Falten ist mir vertraut ... jede kleine Runzel! Als ob der Krieg irgendetwas zum Verschwinden brächte! Nein, Gott sei Dank ist alles noch da ... Alles ist da – man muss nur sehen können und sich erinnern, Kinder! Ich zum Beispiel erzähle nach wie vor all unseren Besuchern von ihnen!

Moissej (*horcht auf*): Oho! Wir haben noch Besucher?

ANNA PAWLOWNA Aber ja! Gestern war so ein liebenswürdiger junger Mann von der Ostseeflotte da wegen des Stroms ... und wissen Sie, er hatte Nudeln in der Jackentasche ... solche guten, ge-

kochten Nudeln ... er hat sie mir in den Mund gesteckt ... so ... (*Sie demonstriert die Geste, etwas be-
fangen, an Totja.*) Mir war schon recht flau in dem
Moment ... irgendwie flau, ja. Und dann habe ich
ihn mitgenommen und ihm zum Dank die Danae
gezeigt, mit allem Drum und Dran.

TOTJA (*zündet sich eine Zigarette an*): Die Danae mit
allem Drum und Dran – einem großzügigen jungen Mann von der Ostseeflotte? O là là!

MOISSEJ Hör auf, Totja! Aber Anna Pawlowna, was
heißt denn gezeigt? Die Danae ist doch weiß Gott
wo hinterm Ural, in der Evakuierung! Sie war die
Allererste, die Orbeli in Sicherheit gebracht hat!

ANNA PAWLOWNA Na ja, gezeigt ... erzählt habe ich
sie! Aus dem Gedächtnis. Ich kenne sie doch in-
und auswendig ... alle kenne ich sie auswendig ...
sie sind hier. (*Zeigt auf ihre Augen und in die Dunkelheit.*)

MOISSEJ Und warum ausgerechnet die Danae?

ANNA PAWLOWNA Ich dachte, das würde dem jungen Mann gefallen ... sie ist so golden, so warm ...
jetzt, wo alle anderen so kalt sind, ist sie immer
noch warm! Auch wenn es natürlich Arbeiten gibt,
die mir von ihrer emotionalen Spannung her näher
sind ... nehmen wir nur seine Greise, die lieben
Alten ...

TOTJA *Putain*, was denn für eine emotionale Spannung, Anna Pawlowna! Die Danae ist doch ... ein-

fach lebendig … sie ist das Leben … und das ist alles, was zählt …

MOISSEJ Trotzdem, ich hätte ihm … vom Verlorenen Sohn erzählt!

TOTJA Wieso denn das? Was soll er damit anfangen?

MOISSEJ Ich bin einfach jedes Mal froh, dass er zurück ist … ich freue mich so für sie alle … dass sie
sich endlich wiedersehen – und dann denke ich
an meinen Vater … du weißt doch, ich denke immer daran, wie er sich dort … Sorgen macht. (*Putzt
sich lange und geräuschvoll die Nase.*)

*Aus der Dunkelheit senken sich Bilderrahmen herab /
erscheinen auf der Bühne. Ein flackerndes, trüb warm-
goldenes Licht geht von ihnen aus. Jede der Figuren ist
jetzt von ihrem eigenen schimmernden Rahmen um-
schlossen. Jede beginnt ihren Monolog im »professio-
nellen« Ton eines zugleich exaltierten und roboterhaf-
ten Museumsführers, verwandelt sich dann allmählich
in ein Mischwesen aus sich selbst und der jeweiligen
Rembrandt-Figur und wird lebendig.*

ANNA PAWLOWNA Die Sammlung von Gemälden
des berühmten holländischen Meisters Rembrandt
van Rijn gehört zu den größten Schätzen des Museums. Sie umfasst über zwanzig Bilder aus allen
Schaffensphasen. Wir wissen nicht, welche historische Figur sich hinter dem »Alten Mann in Rot«

verbirgt; dasselbe gilt auch für viele andere Arbeiten der Jahre 1650 bis 1670. Bei allen individuellen Besonderheiten gibt es ein gemeinsames Thema, das die porträtri- (*bleibt in der Aussprache des schwierigen Wortes stecken*), das die por-trä-tier-ten Figuren dieser Phase verbindet: das Nachdenken über den Sinn von Leben und Tod … (*Hier verlässt sie die Rolle des museumspädagogischen Roboters und wird wieder sie selbst. Sie fährt mit Verve fort.*) Rembrandt hat ein Faible für alte Gesichter … denken Sie an seine vielen berühmten Greise! Was wissen sie? Worauf warten sie? Woran denken sie? Das runzlige Gesicht eines alten Menschen, all diese Falten – all die Spuren der Ermüdung, der Ruhe, der Weisheit, des Sich-Bescheidens … wie müde er ist … ja, ich bin sehr müde. Er ist sehr müde. Aus einem dunklen, weinroten, blutroten Hintergrund schimmert sein Gesicht hervor … Eine Hand fasst die andere, sie hält sie ganz fest, sehen Sie. Diese alten, weisen Hände! Er fürchtet nichts mehr. Er fürchtet sich immer mehr! (*Kläglich*) Er hat ja noch nichts geschafft, er fängt gerade erst an zu verstehen, zu sehen … und das alles, Furcht und Hoffnung, liegt in seinen Händen, was für erstaunliche Hände!

MOISSEJ Was für erstaunliche Hände, ganz recht … die Hände eines Greises, die Hände des Vaters auf dem Rücken seines Sohnes! Totja! Anna Paw-

lowna! Hier spielt die Musik! (*Anna Pawlowna be-*
deutet ihm, dass er ernsthafter auftreten muss; er
nimmt Haltung an und fährt fort.) »Die Rückkehr
des Verlorenen Sohnes« ist der Höhepunkt von
Rembrandts Schaffen! Dem Bild liegt ein bekann-
tes Motiv aus der Bibel zugrunde: Der verlorene
Sohn, hier in ärmlicher Kleidung dargestellt, ist
auf der Suche nach Glück, Ruhm, Abenteuern,
Reichtum und Sinnesfreuden durchs ganze Land
gezogen, aber er hat seine Kräfte sinnlos vergeu-
det ... ich würde sogar sagen: er hat sich selbst verloren ... er hat viel gelitten, er ist ganz unten ange-
kommen, und jetzt kniet er mit bebendem Rücken
vor seinem Vater. Dieser Rücken drückt Scham und
Kummer aus, aber das Gesicht des Vaters ist ruhig
und sanft, voller Mitgefühl! Seine alten Hände, seine Finger zittern vor Glück, dass er den Sohn noch
einmal umarmen kann, ihn berühren, seinen Duft
einatmen, ihn an sich drücken. Die Arbeit des Vergebens fällt ihm nicht schwer. Vater und Sohn
schmiegen sich aneinander und hoffen auf die Zukunft ... in der Erwartung ... dass die Zukunft
vor ihnen liegt ...

TOTJA Prinzessin Danae ist ganz Erwartung! Manches an der Komposition des Bildes, etwa der Fal-
tenwurf des schweren Baldachins oder Details wie
der kleine Tisch am Kopfende des Betts, die abge-
streiften eleganten Schuhe, erinnert an die hollän-

dische Genremalerei. Bei Rembrandt bekommen diese Details besonderes Gewicht ... eine eigene Bedeutung ... (Was rede ich für einen Mist ... Gewicht, Bedeutung ... wer redet denn so?) Prinzessin Danae ist aufgeregt ... ihre Fingerspitzen ... zittern. (*Blickt auf ihre Hände, dann auf Moissej.*) Warum zittern sie? Vor Angst? Vor Begehren? Vor Freude auf die Begegnung mit dem Geliebten? Mit der Zukunft? Das strahlende Gesicht der Prinzessin ist in Licht getaucht, dem Licht zugewandt: Danae widersetzt sich dem Dunkel der Gefangenschaft. Sie will aus dem Dunkel ausbrechen. Ihr großer goldener Körper dreht sich zum Fenster, im Vorgefühl dessen, was auf sie zukommt. Sie ist ganz warm, ihr ist warm! Aber mir ist so kalt, Moissej! Was ist das hier, was hat das alles mit uns zu tun? (*Steigt aus dem Rahmen, als würde sie einen Traum abschütteln, eine Umnachtung.*)

ANNA PAWLOWNA Rembrandt geht jeden an, liebes Kind! Und so wird es immer sein ... immer ... auch später: Es ist so wichtig, zu wissen, dass auch in diesem *später* noch Menschen leben werden! (*Zieht einen Lappen hervor, den sie als Taschentuch benutzt, und putzt sich lange die Nase.*) Ich muss gestehen, in letzter Zeit waren Sofja Jewgenjewna und ich öfters bei den Stillleben ... wir stellen uns vor sie hin und denken daran, wie ... also wir stehen einfach nur da und schauen ... und so bitter

und peinlich das ist, wissen Sie, es tut doch gut ...
es lenkt ein bisschen ab ... ich muss gestehen ... Rubens zum Beispiel tut mir zur Zeit sehr gut, all dieses Wildbret, der Käse, das Obst ... Käse, ja ... und Zucker ... der liebe Zucker ... das liebe Brot ...

TOTJA O ja, unser Iraklij hat darüber sogar Gedichte geschrieben ... über die essbare Eremitage ... er brauchte sich bloß hinzusetzen mit einem Stück Presskuchen, einem Schluck heißes Wasser, schon ging es los mit dem Gejammer ... den gereimten Stillleben ...

MOISSEJ Stimmt, am liebsten mochte ich dieses ... (*Er überlegt kurz, zieht eine Hand aus seinen Lumpen und deklamiert gestikulierend.*)

Snyders

Des Purpurschinkens sanfter roter Schimmer,
Der Hammelkeule weiches weißes Fett,
Und sieh nur dort, das Glitzern, Funkeln, Flimmern:
Die Meeresfrüchte auf dem Spargelbett!

Ein Shakespeare, ein Homer der Gourmandise:
Frans Snyders, das Genie der »nature morte«
Lädt ein uns in sein Schlemmerparadies,
Doch quält uns nur noch mehr der Hunger dort:

Beim Blick auf diese bernsteinfarbnen Trauben,
Den Pfirsich, der aufs weiße Tischtuch rollt,
Sfumato-Pflaumen und Zitronengold,

Und hab ich erst gesättigt meine Augen,
Dann ist mir armem Tropf die Kunst egal:
Ich ess sie auf, zu Ende ist die Qual.

(*Er lacht traurig.*) Was für eine traurige Ironie, nicht
wahr, Totja? Dort der große Snyders, und hier dieser verfluchte, erbärmliche, erniedrigende Hunger …

TOTJA Hör auf, Mussja, davon reden wir nicht! Und
genug jetzt von dem armen Iraklij und seinen Ekstasen – wie lange faulenzt er schon da unten, mitsamt seinem Zitronengold? Kein Wort übers Essen, das haben wir doch abgemacht! Ach, Anna
Pawlowna, was haben Sie bloß angerichtet! Wozu
denken wir uns solche Sachen aus? Was soll das?
Wem nützt diese ganze Pracht? Sfumato, Himmelarsch! Erstunken und erlogen! Hungerleider sind
wir, davon sollten wir reden, und zwar Klartext …
ich … ich habe ein anderes Gedicht für euch … (*Sie
deklamiert in furchteinflößendem Ton, abwechselnd Anna Pawlowna und Moissej, dann wieder
dem Publikum zugewandt.*)

Rrr – rrr

Ich bin dumm, bin ein Dreck, bin ein Krüppel,
Schlag für Wurst einen tot mit dem Knüppel.
Bitte öffnet uns doch die Türen,
Wir kratzen daran wie die Tiere.
Ihr Schinder, ihr wisst doch, ich kann
Nicht mehr halten meinen Harn!

ANNA PAWLOWNA Aufhören! Ich will das nicht! Nicht in meiner Anwesenheit! Unterstehen Sie sich!
TOTJA (*knurrt und brüllt sie an*): Rrr! Rrr! Es ist, wie es ist! Es ist, wie es ist, meine Teuerste ... (W*eint.*)

Anna Pawlowna lässt das Öllicht fallen – es geht aus, sie sitzen im Dunkeln.

DRITTES BILD
FROHES NEUES!

MOISSEJ Totja! (*Räuspert sich. Er entwirft seinen Neujahrsglückwunsch, probiert aus, ob der Ton sitzt.*) Meine Liebe ... meine Teure ... meine Teuerste ... Antonina Nikolajewna! Totja, Kleines! Mein Kätzchen! Alles Gute zum neuen Jahr wünsche ich dir ... wünsche ich uns! Ich wünsche uns, dass das neue Jahr 1942 ganz anders wird: ein fröhliches, normales Jahr. Ich wünsche uns, dass wir durchhalten, bis wieder andere Zeiten anbrechen ... eine neue Zeit ... ein gutes, ein (*betont*) normales Leben ... Ich wünsche dir, dass du immer ....

TOTJA (*kommt herein. Sie ist voller Schnee und bewegt sich mit größter Mühe*): Uff. Keine Kraft mehr zum Rausgehen, keine Kraft mehr zum Nachhausekommen und Treppensteigen. Ich will ü-berhaupt nichts mehr.

MOISSEJ Teuerste ...

TOTJA Ach, hör auf – leere Worte, Motja, leere Worte!

MOISSEJ Das sind keine leeren Worte! Es ist doch Silvester ... wir wollten doch feiern!

TOTJA Ich weiß ... vier Stunden war ich unterwegs für dein Silvester – Geschenke holen, von zu Hause ... voilà. (*Sie kramt lange in den vielen Schichten ihrer Kleider und zieht schließlich ein Päckchen hervor.*)

MOISSEJ Was hast du uns denn da mitgebracht?

TOTJA Warte ... nicht so schnell ... weißt du noch, das Wichtigste an Silvester war immer das Warten!

MOISSEJ Genau! Man ist schon ganz müde und schläfrig, und gleichzeitig so aufgeregt ... (*Die Erinnerung wühlt ihn auf.*)

TOTJA Mussenka, aber vielleicht gehen wir doch lieber nach unten, in den Luftschutzkeller? Da sind immerhin … Menschen, es ist irgendwie … wärmer dort. Und heller. Vielleicht gibt es sogar was zu futtern. Zur Feier des Tages?

MOISSEJ Aber wir wollten doch unter uns bleiben. Ganz intim. Nur wir zwei. Sonst niemand. Unten schwingen sie jetzt muntere Reden zum Ruhm der Armee – ehrlich, ich kann das nicht mehr.

TOTJA Stimmt, das muss nicht sein. Na gut, Süßer, willst du sehen, was ich dir … mitgebracht habe? (*Sie wickelt das Päckchen lange und mühsam aus; hervor kommen silberne Krümel, Silberstaub rieselt zu Boden.*) Ach!

MOISSEJ Was ist?

TOTJA Er ist kaputt! Tot!

MOISSEJ Was war es denn?

TOTJA (*klagend*): Unser Dompfaff … der Dompfaff, den wir …

MOISSEJ Nicht doch, mein Mädchen, wer wird denn wegen eines Glasvogels …

TOTJA (*verzweifelt*): Aber das war Papas Dompfaff! Ich weiß noch genau, wie wir ihn immer zusammen in den Weihnachtsbaum gesetzt haben. Das war ein kleines Stück von der alten Zeit, der alten Freude! Jetzt habe ich nichts mehr … keinen Papa, keinen Dompfaff … ich bin auf der Uferstraße ausgerutscht, ich elende blöde Kuh …

MOISSEJ Meine Kleine, hast du dir wehgetan? Was machen wir bloß?! Nicht weinen … (*Er nimmt sie unbeholfen in den Arm, wiegt sie, redet beruhigend auf sie ein, als wollte er sie in den Schlaf singen.*) Weißt du was, neulich hat mir ein Bekannter eine seltsame Geschichte erzählt. Eigentlich kann man sie kaum glauben. Er hat erzählt, er hätte erst kürzlich noch Christbaumschmuck gekauft! Stell dir vor (*Totja schluchzt und zittert immer noch*) … ein einziges albernes Verlangen hatte ich noch, sagt er zu mir … sehr typisch für ihn übrigens, dieser Ausdruck, »albernes Verlangen« … ich wollte unbedingt Christbaumschmuck besorgen. In seiner Familie war es wie bei dir, Totitschka, sie hatten immer einen funkelnden bunten Baum, deshalb war der Schmuck mit Erinnerungen und Hoffnungen verbunden, er schlug eine Brücke. Und so hat mein Bekannter im Dezember eines Tages seine Frau untergehakt, ist mit ihr zu diesem Laden gelaufen und hat ein paar Sachen gekauft – einen kleinen Samowar mit Teekanne und noch irgendwas. Der Laden war halb dunkel, nur ein Öllicht brannte. Als sie wieder nach draußen kamen, hätten die Schwärze und Kälte und der hoffnungslose Winter sie fast erschlagen. Aber wer weiß, Totja, vielleicht gibt es in diesem Laden ja auch einen Dompfaff zu kaufen?

TOTJA (*etwas abgelenkt von ihrer Trauer*): Meine Güte, wer verkauft denn jetzt noch Christbaumschmuck? Wozu? An wen? In dieser toten Stadt?

MOISSEJ Na, an Leute wie ihn, die sich an die Freude
von damals erinnern …

TOTJA Jetzt haben wir keine Geschenke.

MOISSEJ Doch, ich habe etwas für dich … (*Er geht
zum Tisch und fördert nach langem Gebrumm, Ge-
fummel, Gekrame endlich etwas zutage.*) Hier, meine Süße!

TOTJA (*misstrauisch*): Was ist das? Eine Schallplatte?

MOISSEJ (*übertrieben begeistert*): Ja!

TOTJA Aber wir haben doch kein Grammophon!

MOISSEJ Ach, na ja … der Gedanke kam mir auch …
aber weißt du …

TOTJA Was?

MOISSEJ Wir können uns daran erinnern! An unsere
Musik. Versuchen wir es doch mal … wir setzen
uns einfach hier hin und erinnern uns. (*Er hebt Totja hoch, setzt sie auf den Tisch und nimmt feierlich
neben ihr Platz.*)

*Erst herrscht quälendes Schweigen, denn natürlich er-
klingt keine Musik. Dann hört man auf einmal, erst
ganz leise, ihren ernsten Walzer.*

TOTJA Ja … schön … ich erinnere mich, genau. Jetzt
fällt mir alles wieder ein …

MOISSEJ (*ruft, um den Walzer zu übertönen*): Liebe
Genossen! (*Er parodiert einen Radioansager.*) Teu-

erste Tonja! Ich wünsche Ihnen, dass das neue Jahr wärmer und heller wird, dass es normal wird. Ich wünsche Ihnen, dass Sie überleben, dass *wir* uns erhalten bleiben und noch ein Leben miteinander haben.

TOTJA Ein Leben, ja ... noch ein bisschen Leben.

MOISSEJ Du bist mein Leben, Totja. Du bist mein Leben.

Die Musik ist nun lauter als seine Stimme.

VIERTES BILD
TAGEBUCH EINES HÖHLENMENSCHEN. JANUAR

Auf einer Leinwand im Hintergrund der Bühne erscheinen und verschwinden (zerfließen) Einträge aus Moissejs Tagebuch; jemand schreibt, aber scheinbar blind, die Buchstaben und Wörter schieben sich übereinander.

MOISSEJ Antonina, wach auf!

TOTJA Lass mich in Ruhe, bitte, lass mich in Ruhe ...

MOISSEJ (*zieht feierlich ein kleines Notizbuch aus der Tiefe seiner Lumpen hervor*): Eine Sekunde, ich will dir aus meinem Tagebuch vorlesen.

TOTJA (*matt*): Aber du siehst doch gar nichts, Mussenka? Wozu ist das gut? Was soll das alles?

MOISSEJ Ich möchte aber … deine Meinung ist mir wichtig! (*Er bekommt einen Hustenanfall. Dann, im Ton einer Verlautbarung:*) »Tagebuch eines Höhlenmenschen. Brillantine brennt sehr sauber und riecht gut, gibt aber furchtbar schwaches Licht – ich muss mich übers Papier tasten. Heute bin ich gegen elf unter der Decke hervorgekrochen und habe über eine Stunde an dem neuen Öllicht gebastelt, aus einer Dose und einem Stück Watte als Docht. Danach war alles voller Pomade, meine Finger, die Pinsel, der Tisch – und trotzdem klemmt noch etwas, meine Hände sind so unpräzise geworden. Gefrühstückt haben wir um 11 – ich einen Schluck Lebertran und 2 Vitamin-B-Pastillen, Totja 2 Löffel Nadelextrakt. Luxus.«

TOTJA Wen soll das interessieren, wie viel Lebertran wir gegessen haben, Mussja? Oder wie viel Presskuchen wir einander geklaut haben …

MOISSEJ Wie kannst du so etwas sagen?

TOTJA Oder meinetwegen klauen wollten … aber nicht geklaut haben … weil wir uns geschämt haben … oder nicht die Kraft hatten … das ist doch erbärmlich … vielleicht sollte es das besser gar nicht geben?

MOISSEJ Wie, nicht geben? Aber es gibt doch … das Ganze hier!

TOTJA Aber das soll lieber keiner wissen ... lieber soll es uns gar nicht geben, lieber soll bloß ein leerer Raum da sein statt dieser Schande, Scham und Schande! Der ganze Horror! Niemand soll das sehen, wenn wir nicht mehr da sind, niemand soll davon wissen! Er soll vergessen werden, einfach verschwinden.

MOISSEJ Was? Nein, Totinka, ich finde, man muss alles aufschreiben, wie es ist. Die Wahrheit und nichts als die Wahrheit!

TOTJA Ich fürchte nur, unsere Wahrheit wird niemanden sonderlich interessieren später ...

MOISSEJ Wirklich niemanden? Warum?

TOTJA Na ja, wir beide sind kein besonders erfreulicher Anblick ... zwei mittelprächtige Mumien, Erhaltungszustand unbefriedigend ...

MOISSEJ Ach, meine kleingläubige Freundin! Ich bin sicher, dass das von Interesse sein wird. Dass man es aufschreiben muss. Damit die Worte der anderen, die der Leute nach uns, später einmal nicht an uns hängenbleiben! An unseren schwarzen Tagen! Damit keiner sagen kann, damals war es so und so, je nachdem, wie es ihnen in den Kram passt – später, wenn wir nicht mehr da sind ...

TOTJA Was meinst du?

MOISSEJ Dass wir alle Helden waren zum Beispiel, oder alle Dreckskerle, oder dass wir in Schönheit und Würde gelitten haben, oder dass wir überhaupt nicht gelitten haben ... deshalb muss man alles aufschreiben, wie es ist, den Gestank, die Dunkelheit, den Eimer, die Schwäche, die Angst ... und dich, so wie du bist, so lieb, so hell, so zart, so mager ...

TOTJA So verlaust, so hungrig, so böse ...

MOISSEJ Genau – alles, wie es ist, den Gestank, das ganze öde Einerlei, und dein Gesicht, dieses kluge, hinreißende Gesicht ... Tag für Tag, Tatsache für Tatsache! Darauf kommt es an, nur die Tatsachen ... ganz exakt ... und kein Gejammer!

TOTJA Ha, von wegen öde ... langweilig wird einem hier nicht. Und welches Gejammer überhaupt? Meines bestimmt nicht, und du – bist du etwa ein Jammerlappen? Du bist mein Mussja. Mein Herkules mit Po-Abszess! Mein Krieger in löchrigen Galoschen ... nur dass du dauernd hinfällst, macht mir Kummer ... das ist wohl deine Achillesferse ...

MOISSEJ Ich falle überhaupt nicht dauernd hin, Totinka! Übertreib nicht! Ich merke schon, du suchst nur einen Grund, die Waffen zu strecken!

TOTJA Während du, mein Lieber, auf Schritt und Tritt alle viere von dir streckst – deine Hüfte ist schon ganz blau! Keine heile Stelle hast du mehr am Leib ...

MOISSEJ Meine heile Stelle bist du, Totja! Hier, das habe ich vor einer Woche aufgeschrieben – um nichts zu verschweigen:

»Heute geht das Laufen ganz gut.« (*Siehst du – ganz gut ging es!*) »Die Autos duften inzwischen nicht mehr nach Tannennadeln, jetzt verbreiten sie einen süßlichen, klebrigen Geruch, wie aus einer Konditorei.«

TOTJA Ja, woher kam das bloß, dieser Gestank? Wenn schon, dann solltest du wirklich alles sagen, Mussja ... dass da eine Leichenfuhre vorbeigefahren ist ... andere Autos gibt es ja kaum mehr ...

Moissej liest weiter:

»Nach Hause kam ich schnell, bin unterwegs nur einmal gestürzt, aber auf dem Flur im Verwaltungstrakt und im Vasensaal habe ich mich viermal hingelegt.
Ich habe es mit Müh und Not bis zur Akademie geschafft. In den Spurrillen der Autos.
Es ist sehr kalt und schön, Raureif und Dunstschleier.
Die Isaaks-Kathedrale und die Sonne im zarten Dunst.
Bin wieder hingefallen, auf dieselbe Stelle wie gestern, habe mir Hüfte und Arm aufgeschürft.«

Auf der Leinwand Wochenschaubilder aus dem belagerten Leningrad, man sieht Fußgänger auf dem Newskij-Prospekt.
Moissej geht an der Leinwand entlang, fällt hin, steht wieder auf, fällt, steht auf – immer wieder ... Er bleibt

stehen, versucht das Gleichgewicht zu halten, zeichnet
mit einer Hand die Umrisse der Stadt in die Luft. Er
liest weiter:

»Heute habe ich mit einer Hand gezeichnet, danach
tat sie weh; ich lag fast mit der Nase auf dem Blatt,
so dunkel war es. Das Schraffieren war anstrengend,
aber geistig erfrischend und ermutigend, ich fühlte
mich wieder obenauf.
Hopp, weiter! Auf geht's!«

Stell dir vor, genau so steht das hier: »Hopp, weiter!
Auf geht's!«

Moissej versucht Totja zu umarmen, mit ihr zu »tan-
zen«, sie huckepack zu nehmen. Die Bewegungen der
beiden sind unbeholfen und traurig. Abgehackt, wie
von einer verkratzten Schallplatte, erklingt die Melo-
die der Schneekönigin.

MOISSEJ Und weiter habe ich geschrieben: Die
    Kunst ist eine feine Sache! Dafür lohnt es sich zu
    leben!
TOTJA Das hast du geschrieben? Zeig mal … hm …
    meinst du wirklich, es lohnt sich? … wirklich? …
    eine feine Sache …
MOISSEJ Ja!
TOTJA Iraklij hat immer gesagt: »Wenn ich einen

Cézanne anschaue und dann die Augen zumache, habe ich vor nichts mehr Angst, dann wird mir ganz leicht.« Leicht wurde ihm ... und er war ja auch selber ganz leicht, fe-der-leicht!

MOISSEJ Davon will ich nichts wissen, Antonina. Du sollst nicht immer von ihm reden.

TOTJA Dummkopf. Ich meine doch nicht das. Ich habe sowieso praktisch alles ... vergessen ... ich weiß überhaupt nichts mehr, Mussja. Wo sind unsere Zigaretten?

Sie zünden sich umständlich eine Zigarette an, genießen sie wie einen Kuss, stöhnen/ächzen vor Lust und Schmerz: Ständig tut ihnen alles weh, alles ist unbequem. Moissej fasst etwas Mut, er »zeichnet« weiter mit seinen eingewickelten Händen in die Luft, malt mit der angezündeten Zigarette, die er in einer »Pfote« hält. Auch das soll wieder wie ein Tanz aussehen, der Tanz eines Hungerkranken: Moissej will sich bewegen und will zugleich nicht, er hat Kraft für seine »Skizzen« und zugleich keine Kraft – man sieht, dass ihm alles wehtut.

TOTJA Sag, Moissej, wird alles wieder gut?

MOISSEJ Ja, alles wird gut.

TOTJA Wie denn, wie soll denn irgendwas je wieder gut werden, was redest du da für einen Mist?

MOISSEJ Adrian Leonidowitsch sagt, dass bald eine

Krankenstation aufgemacht wird, und dort soll es Essen geben! Kascha! Und sogar ein Badehaus ...

TOTJA Sicher, Mussenka, nur nicht für solche wie uns. Wir bauen schließlich keine Panzer. Wir sind zu nichts nütze. Was zeichnest du da eigentlich?

MOISSEJ Siehst du das nicht?

TOTJA Nein, nicht so richtig.

MOISSEJ Dummerchen! Schau: hier ist die Uferstraße, hier die Peter-Pauls-Festung, die Turmspitze im Dunst, die Sonne geht unter, ein Laster bringt die Leichen weg ...

Auf der Leinwand sieht man hier vielleicht einige besonders prägnante farbige Stadtansichten von Künstlern der Blockadezeit – Tatjana Glebowa, Michail Bobyschow ...

TOTJA Ob sie die Unseren wohl schon aus dem Keller geholt haben? Würde mich interessieren, ob sie die auch mit der Leichenfuhre wegkarren.

MOISSEJ Mich interessiert das nicht besonders, Totinka ... Vermutlich sagen sie sich, wozu soll man sie ausgerechnet jetzt abholen? Muss das denn sein? Lieber lässt man sie erst mal in Ruhe, so kalt und schön, wie sie da liegen ...

TOTJA Trotzdem, es ist schon erstaunlich! Dass dieses Arsch von Konzewitsch da neben Iraklij liegt ... wenn ihm das zu Lebzeiten einer gesagt hätte, aus-

gerechnet ihm, mit seinen ewigen kleinen Tänze-
rinnen, seinen hübschen Püppchen ... neben wem
er hier zu liegen kommt ... und dieses Biest hat
uns auch noch angezeigt, sie hat doch über jeden
von uns Denunziationen geschrieben, das Drecks-
luder!

MOISSEJ (*müde lachend*): Gleich gibt es die nächste
Strafe, Totik! Morgen bekommst du keine Zigaret-
ten, und ich werde dir stundenlang Vorträge über
Frau Konzewitschs Ansichten zum sozialistischen
Realismus halten ...

TOTJA Versuch's doch! Dann bestrafe ich dich aber
auch.

MOISSEJ Ha! Sehr gut! Jetzt klingst du wieder wie
das kleine Räubermädchen, das ist gut!

TOTJA Es gibt kein kleines Räubermädchen mehr ...
übrigens, die alte Hansen, die Andersen-Überset-
zerin ... es heißt, sie ist auch ... schon im Dezember, sagt Anna Pawlowna ... sie soll sämtliche Bücher verheizt haben ... bestimmt hat sie auch die
Schneekönigin verbrannt ... eingeschmolzen! Gib
mir die Hand, kleiner Kay. Halt mich fest.

MOISSEJ Ich kann dich nicht mal mehr richtig bei der
Hand nehmen ... meine Hände sind ganz eingefro-
ren ... sie platzen auf.

*Totja befreit ihre lange, elegante, schlanke, kräftige
Hand aus den Lumpen und legt sie Moissej aufs Gesicht.*

MOISSEJ Totja ... meine Totja.

Sie schweigen. Dann liest Moissej weiter vor:

»Ich konnte mich nicht rühren. Totja hatte ausgelassenen Lebertran mit Petroleum gemischt und mir das Öllicht offen in die Tasche gesteckt. Das ganze Petroleum war ausgelaufen, fünf Päckchen Zigaretten ruiniert. Wir knurrten uns an – armes Kind!
Totja ist auf dem Sofa eingenickt. Der Anblick meiner kranken Kleinen zerreißt mir das Herz, aber sie ahnt nichts, sie tröstet mich, sie hätte bloß einen Schnupfen.
Kurz, der Schwachsinn hatte seinen Tiefpunkt erreicht, oder seinen Höhepunkt! Beim ersten Mal dachte ich, das überleben wir nicht ...«

Sag mir ... sag es mir! Sag mir, dass alles gut wird!

Totja liegt zusammengekauert da, den Kopf unter der Decke. Moissej sitzt neben ihr und ruft/bittet/winselt leise: »Totja!«

FÜNFTES BILD
SPIEGELSPLITTER

MOISSEJ Meine schöne Totja, hätten Sie vielleicht einen Taschenspiegel für mich?

TOTJA (*mürrisch*): Gibt es in der Eremitage etwa nicht genug Spiegel, mein eitler Mussja?

MOISSEJ Früher gab es viele, aber seit den Bomben nicht mehr. Hast du einen?

TOTJA Nein. Ich schaue seit zwei Monaten nicht mehr in den Spiegel. Ich fürchte mich. Einmal habe ich es doch getan, und *mon Dieu*! Ein kahles, graues altes Weib ... oder nicht mal alt, sondern schon jenseits von Alter ... eine Allegorie des Krieges, so was in der Art. Goya.

MOISSEJ (*mit seinen eigenen Sorgen beschäftigt*): Ich bräuchte dringend einen Spiegel!

TOTJA Hier liegen doch überall Scherben herum. Nimm und sieh. Nur zu.

Moissej findet eine Spiegelscherbe, hebt sie mühsam auf und versucht sie so zu halten, dass er seinen Mund sehen kann, schafft es aber mit seinen verbundenen Händen nicht recht.

MOISSEJ Kannst du mir mal den Spiegel halten, Totja? Na bitte, ich wusste es doch! Schon der dritte Zahn. So wie der Kerl wackelt, hält er nicht mehr lange. No-hoch ein Lo-hoch! Wie im Gostinyj Dwor ...

TOTJA Oder in der Pestel-Straße, wo die Bäckerei war.

MOISSEJ Oder in der Nadeshdinskaja. Hat dort nicht Ihre Freundin Ljudotschka gewohnt? Was ist aus der eigentlich geworden?

TOTJA Woher soll ich das wissen, Moissej? Wie lang ist das her, dass sie das Telefon abgeschaltet haben ... keiner weiß mehr etwas vom anderen, keiner kann etwas wissen und keiner will es mehr. Ich weiß nicht, was mit meiner Ljudotschka ist. Übrigens, Mussja: halt mir doch auch mal den Spiegel.

MOISSEJ Nein.

TOTJA Wieso nein? Doch!

Moissej dreht die Scherbe mal in die eine, dann in die andere Richtung von Totja weg. Die Lichtreflexe springen nach allen Seiten.

MOISSEJ Du hast so schöne Augen, eine so schöne Stirn, so schöne Haare ... du bist so lustig, so spitzbübisch, so golden, du leuchtest ...

TOTJA Ist das wahr?

MOISSEJ (*scheinbar plötzlich müde*): Nein, Liebste. Das ist nicht wahr. Dein Zahnfleisch ist rot vom Skorbut, deine Haut ist braun und fleckig, deine Augen sind tief eingefallen, aber – du lebst! Du bist hässlicher als der Tod, meine Totja, aber du lebst, und das ist das Einzige, was jetzt zählt: überleben.

TOTJA Einen bösen, krummen Spiegel hast du da! Wozu sollen wir noch überleben, wenn wir so schlimm aussehen? Wenn nicht mal wir beide uns mehr anschauen können.

MOISSEJ Da haben wir es! Und dabei konnten Sie sich früher nicht sattsehen an mir, Totja! »Mein Kleiner, mein Hübscher«, so ging es die ganze Zeit. Der ganzen Stadt hast du von mir erzählt. Weißt du noch, letzten Sommer in Komarowo?

TOTJA Und ob ich das noch weiß. Du bist sämtlichen Eremitage-Prinzessinnen nachgestiegen, vor allem Lidotschka. Mit offenem Mund hast du sie angegafft, als wären es lauter griechische Statuen. Und ich habe gewartet und mich gefragt, wann du wohl endlich mal mich anschaust …

MOISSEJ Wie griechische Statuen haben sie sich auch benommen, um ehrlich zu sein. Keinerlei Interesse an mir … Aber Sie, Antonina Nikolajewna, wozu hätte ich Sie anschauen sollen? Es war doch klar, dass Sie mich nur auf den Arm nehmen würden.

TOTJA (*erstaunt*): Wieso?

MOISSEJ Weil Sie sich grundsätzlich über alles lustig gemacht haben. Sie hatten ein so furchteinflößendes, loderndes Lachen (*er versucht es nachzumachen, aber es klingt dumpf, wie Gebell*) – hahaha!

TOTJA (*stimmt genauso dumpf ein*): Hahaha! Ist dir schon aufgefallen, dass man niemanden mehr lachen hört? In der Blockade gibt es nichts zu lachen. In der Blockade ist das Lachen abgeschafft, wie Adrian sagt ... (*Etwas lebhafter, in einem letzten schwachen Anflug von Eitelkeit.*) Na gut, und wie hast du dann schließlich den Mut gefunden, mich anzuschauen?

MOISSEJ Ich – den Mut gefunden? Totja, ich habe erst Mut gefunden, als Sie mir, *pardonnez-moi*, schon halb das Hemd aufgeknöpft hatten ...

TOTJA Also in dem Moment hast du mich ganz sicher nicht angeschaut, mein jungfräulicher Moissej, du hast entsetzt den Kopf abgewandt. Und ich war so neugierig!

MOISSEJ (*empört*): Neugierig?

TOTJA Auf dich! Schließlich warst du der Einzige, *der Einzige*, der es bei der Versammlung an dem Tag gewagt hatte, diese widerliche Konzewitsch zu fragen, ob Rembrandt denn auch ein Trotzkist oder Formalist war, da doch alle späteren Formalisten von ihm gelernt hätten ...

MOISSEJ Und vor lauter Neugier hast du mich dann also nach Komarowo eingeladen, zum Blaubeerensammeln.

TOTJA Mmm, wie warm es dort war, wie hell! Weißt du noch? Ich habe die Beeren in der Hand gesammelt ... und sie dir in den Mund gesteckt ... die ganze Handvoll in deinen Mund ... und du zerdrückst sie mit der Zunge und leckst mir die Hand ab ... zerdrückst sie eine nach der anderen ... sie platzen ... der Saft rinnt herunter. Sag mal, was ... was zappelst du eigentlich so? Schwelgst du etwa in Erinnerungen, Moissej? Täusche ich mich? Seit Dezember hast du mich nicht mehr angerührt ...

MOISSEJ (*scharf*): Ja, du täuschst dich. (*Er kratzt sich »unauffällig« mit der verbundenen Hand an der Mütze.*)

TOTJA Was ist denn los mit dir? Ah ... hast du Läuse, mein Liebster?

MOISSEJ Antonina Nikolajewna, wie reden Sie mit mir! Lassen Sie mich in Ruhe!

TOTJA Meine Güte, wir haben doch alle Läuse. Die Lebenden wie die Toten. Vielleicht ist das sogar das Einzige, was die Blockademenschen verbindet. Im Smolnyj werden die Bäuche aus anderen Gründen dick als bei uns im Keller. Na, dann lass uns mal nachsehen unter deiner Mütze, mein Lieber ...

MOISSEJ Lass das, Totja! Das sind ... ich habe einen Ausschlag!

TOTJA Moissej, Sie sind ein Trottel. Das ist kein Ausschlag. Pass auf, gleich werde ich dich entlarven. (*Verspielt.*) Komm zu mir ... (*Moissej stößt einen gramerfüllten Laut aus, wehrt sich aber nicht mehr groß.*) Da haben wir ja schon das erste Schätzchen,

ich nehme es mal ab: ganz vorsichtig, ganz liebevoll ...

MOISSEJ Widerlich ...

TOTJA Wieso widerlich? Ein durchsichtiges Klümp-
chen, und in der Mitte sitzt ein kleiner Punkt!

MOISSEJ Es ist widerlich!

TOTJA Weißt du, ich glaube, die Laus verkörpert eigentlich die Liebe in der Blockade.

MOISSEJ Wie kannst du das sagen? So was Wider-
liches!

TOTJA Es stimmt aber. Sie ist ganz schwach und
ganz hart. Nichts kommt gegen sie an. Und die
Nissen sind golden. Wie Beeren, wie Blaubeeren.
Ganz langsam, ganz vorsichtig habe ich sie damals
abgestreift, und du hast mich immerzu angeschaut
dabei. Und ich habe dir zugeschaut, wie du mich
anschaust. (*Totja beugt sich über Moissej und laust
ihn. Auf beiden liegt ein kleiner, schwacher Licht-
kegel.*) Wie schön du bist, Moissej! Du hast so
schöne Haare, eine so schöne Stirn, einfach alles
an dir ist schön. Alles.

SECHSTES BILD
DIE SCHNEEKÖNIGIN. FEBRUAR

Dunkel, ein Radio überträgt Siegesmeldungen.

TOTJA Moissej, steh auf! (*Bekommt einen Hustenanfall*) Steh auf! Bring mir einen Kaffee! Tu nicht so, als ob du schläfst, bitte! (*Lauter, monoton, gereizt.*) Moissej, steh endlich auf! Ich weiß, dass du nicht schläfst! Steh auf!

MOISSEJ Mir ist irgendwie nicht so ... nicht so gut heute. Ich glaube, ich kann ... ich kann nicht ...

TOTJA Das denkst du dir doch bloß aus ... dauernd denkst du dir irgendwas aus! Es reicht! Du hast einfach keine Disziplin ... deine ganze Schwäche ist nur ein Mangel an Charakter! Mir wird schlecht von deiner ewigen Hilflosigkeit! Wieso bist du so unfähig?

MOISSEJ Hör auf ... bitte nicht ... nicht so reden!

TOTJA Wieso bist du so unfähig?

MOISSEJ Ich ... ja, ich stehe schon auf ... siehst du: ich stehe auf! (*Mühsam, umständlich, langsam steht er auf, geht zum Tisch, greift mit den verbundenen Händen nach einem kleinen Topf – natürlich lässt er ihn fallen, großes Geschepper, der Topf läuft aus.*)

TOTJA (*stößt einen durchdringenden Schrei aus*): Aaaa! Idiot! Immer musst du alles versauen!

MOISSEJ Hör auf! (*Er versucht sich vor ihrem Ge-*

schrei zu schützen, hält sich die Hände vors Gesicht.)

TOTJA (*kreischt hysterisch*): Ich halte das nicht mehr aus ... ich halte dich nicht mehr aus ... ich kann nicht mehr! Immer versaust du alles!

MOISSEJ Totinka, was hast du?

An dieser Stelle hört man plötzlich eine maximal kalte, laute, furchteinflößende Fassung des Lieds der Schneekönigin, und Totja verwandelt sich in sie. Zum Beispiel so: Totja auf dem Tisch, sie richtet sich auf/ »wächst empor« in ihrer weißen Decke, von weißem und blauem Licht angestrahlt. Aus einem Lautsprecher hinter/oberhalb der Bühne liest Moissejs Stimme, aber nicht die der Blockadezeit, sondern eine sehr schöne, kräftige, ruhige, samtige Stimme:

Es war eine Dame, so groß und rank, so schimmernd weiß – es war die Schneekönigin; ihr Pelz und ihre Mütze waren aus lauter Schnee.

»Frierst du noch immer?«, fragte sie, und dann küsste sie ihn auf die Stirn. Uh! Das war kälter als Eis, es drang ihm bis ans Herz, das ja schon halbwegs ein Eisklumpen war; er fühlte es, als sollte er sterben, aber nur einen Augenblick, dann tat es ihm recht wohl; er spürte die Kälte nicht mehr ringsumher.

»Nun bekommst du keine Küsse mehr«, sagte sie, »denn sonst küsse ich dich tot!« Kay sah sie an; sie war so schön; ein klügeres, schöneres Gesicht konnte er sich nicht denken. Jetzt schien sie nicht aus Eis zu sein wie damals, als sie draußen vor dem Fenster saß und ihm zuwinkte; in seinen Augen war sie vollkommen.

MOISSEJ (*liegt auf dem Boden neben dem leeren Kaffeetöpfchen*): Totja! (*Er versucht, die Musik zu übertönen.*) Hör auf, bring mich nicht um! Quäl mich nicht! Mir ist kalt! Mir ist kalt! Verzeih mir! (*Weint.*) Ich bin so dumm, du hast es so schwer mit mir, so schwer … meine Ärmste … meine Kleine … du bist müde!

Vielleicht reden, schreien, flüstern sie in diesem Moment gleichzeitig und übertönen einander, wie es in Liebesduetten in der Oper vorkommt, aber hier ist es kein harmonischer Zusammenklang, sondern die albtraumhafte Gleichzeitigkeit des Nicht-Hörens.

TOTJA (*eisig*): Unerträglich! Es ist einfach unerträglich! Wann hört das endlich auf? Ich kann es nicht mehr hören … dein Gejammer! Dein Gebettel! (*Plötzlich scheint ihre Hysterie »einzufrieren«, und Totja spricht in völlig ruhigem Ton weiter.*) Es kümmert mich nicht … versteh doch … Moissej … mich kümmert gar nichts mehr. Wenn es doch nur schon vorbei wäre … endlich vorbei!

Ganz langsam, mit derselben Funzel wie am Anfang, kommt Anna Pawlowna herein. Sie hat sich sehr verändert, statt einer lebhaften nervösen Dame sehen wir eine Greisin, einen Schatten. Wegen des Skorbuts kann sie nur noch flüstern.

ANNA PAWLOWNA Moissej Borissowitsch! Moissej Borissowitsch! Moissej Borissowitsch! Ach, so eine Freude, so eine Freude, Sie haben einen Platz in der Krankenstation, dort wird man Ihnen helfen, dort gibt es Kascha, und es ist warm, und alle werden geheilt … alle werden gerettet. (*Sie geht langsam an die Rampe und bleibt ganz still stehen, »schläft« allmählich ein – hinter ihr trudelt ein weißes Blatt Papier zu Boden.*)

TOTJA (*kommt wieder zu sich, rutscht von ihrem Podest herunter, verlässt die Rolle der Schneekönigin/ des Blockade-Tods, kriecht auf das Blatt zu – die Aufnahmebestätigung der Krankenstation. Sie stößt einen Schrei aus*): Mussja, das ist … was ist das?! Die Krankenstation!

MOISSEJ Hör auf …

TOTJA Sie haben es geschafft, du hast einen Platz in der Krankenstation … du musst noch nicht sterben!

MOISSEJ Hör auf …

TOTJA Du kommst auf die Krankenstation … sie haben es eingesehen … dass du ein Genie bist … dass du nicht erfrieren darfst!

MOISSEJ In Gottes Namen, Totja ... lass mich ... lass
mich in Ruhe, quäl mich nicht! Ich gehe nirgends
mehr hin ...

TOTJA (*lässt sich neben ihm auf dem Boden nieder*):
Doch! Und ob du hingehst! Du kannst hier nicht
einfach krepieren! Es kann doch nicht einfach alles vorbei sein – es fängt doch alles gerade erst an,
stimmt's? Ach, entschuldige. Na komm, steh schon
auf! Steh auf! (*Moissej vergräbt das Gesicht in ihrem Schoß, wir sehen ihr Gesicht; die Haltung der
beiden zitiert die Komposition von Rembrandts »Ver-
lorenem Sohn«.*) Du wirst hingehen, du wirst essen,
sie werden dich füttern und waschen, sie werden
deine Hände gesund machen und du wirst alles, alles für sie zeichnen ... unsere ganze Hölle wirst du
ihnen zeigen, Himmelarsch ... ihnen alles erklären.
Weißt du noch, was Tyrsa von dir gesagt hat: der
Junge ist ein Genie, er gibt zu den schönsten Hoffnungen Anlass. Du wirst seine Hoffnung doch nicht
enttäuschen, Mussja? Na komm, steh schon auf, so
ist es gut, mein starker Junge! Hast du gehört, was
sie gesagt hat: dort werden alle gerettet.

*Moissej stützt sich auf Totja, steht auf und geht lang-
sam ab, dabei sieht er sich immer wieder nach ihr um,
ängstlich und hoffnungsvoll, mit einem aufmunternden
Lächeln, das ein wenig gespenstisch wirkt.*

TOTJA Geh schon! Geh … dort ist es warm, dort ist
es hell, Mussja … geh!

*Man hört eine Siegesmeldung aus dem Radio, Rau-
schen, dann Totjas Stimme; sie artikuliert präzise wie
eine professionelle Sprecherin:*

Moissej Waxer starb am 4. Februar 1942 auf der Krankenstation. Totja, Antonina Isergina, war in dieser
Nacht nicht bei ihm. Seine unveröffentlichten Arbeiten, Briefe und Fotografien sind großteils verschol-
len.

*Auf der Leinwand erscheinen nacheinander die Arbei-
ten Moissej Waxers. Musik.*

*Für ihre Mitwirkung an diesem Text danke ich Anto-
nina Isergina, Moissej Waxer, Pawel Salzman, Lew
Pumpjanskij, Lidija Ginsburg, Olga Berggolz und allen Bewohnern der belagerten Stadt, deren Stimmen
darin zu hören sind.*

Postscriptum

Ich erinnere mich an meine Verblüffung, ja meinen Ärger, als ich bei einem Aufenthalt in Petersburg 2005 ganz zufällig in eine Ausstellung von Blockadekunst geriet. Verärgert war ich vor allem über mich selbst – darüber, dass ich zwanzig Jahre in dieser Stadt gelebt und mich mit ihrer Kultur beschäftigt hatte und doch so gut wie nichts über ihr »verborgenes«, inoffizielles Leben in der schlimmsten Phase ihrer Existenz wusste.

Die Bilder – morbide, schöne, ungewöhnliche, geheimnisvolle Bilder von so bemerkenswerten Künstlern wie Tatjana Glebowa, Michail Bobyschow, Vera Miljutina – zeigten mir eine vollkommen andere Welt. Sie hatte nichts mit jener Blockade zu tun, die die staatliche Propaganda für uns »erfunden« hatte. Die sowjetische Version bestand auf einem monochromen Bild von lauter makellosen Helden. Was ich zu entdecken begann, war dagegen ein gewaltiger Archipel, eine gewaltige Vielfalt von Geschichten und Stimmen. Für jede Person, die diese unvorstellbaren Jahre in der Stadt überlebt hatte, war die Blockade eine andere Herausforderung, ein anderes Leid, eine andere Erfahrung.

Es waren diese individuellen Geschichten, die mich auf Anhieb faszinierten. Ich fand sie in den historischen Archiven der Stadt. Die vielen Tagebücher der

Blockadezeit, die dort noch immer ungelesen lagen, brachten mich in Kontakt, in einen Dialog mit ihren Autoren – Schriftstellern und Arbeitern, Männern und Frauen, oft auch Kindern. Sie schrieben über ihren Alltag, ihren Kampf ums Überleben, ihre Ängste und Hoffnungen. Zu meiner Überraschung stieß ich auf höchst unterschiedliche Schreibweisen, Sprach- und Ausdrucksformen – raffinierte und ganz direkte, skurrile und naive. Alle diese Menschen versuchten möglichst aussagekräftig von ihrem Leiden unter dem Hunger, der Angst und der Einsamkeit zu erzählen.

Ich glaube, es war diese extensive Lektüre, die Vertiefung in diese Tagebücher, die mich letztlich dazu brachte, mit Prosa zu experimentieren. Ich spürte (es war ein sehr körperliches Gefühl), dass ich, um freier in diese Erfahrungen und Geschichten eintauchen zu können, neben meinen Gedichten noch eine zusätzliche, andere Struktur brauchte.

Mein erster Prosatext, »Der Vergeber«, verbindet die Geschichten zweier Figuren, die Schmerz und Scham erfahren haben. Um diese Verbindung zwischen ihnen, zwischen ihren Epochen und ihren sehr verschiedenen Gefühlen herzustellen, brauchte ich mehr Platz, mehr Zeit, und – wenn man so will – einen längeren Atem, als ein Gedicht ihn für mich hat. Die Prosa gab mir die Möglichkeit, weit mehr Erfahrungen, Vorstellungen, Rede- und Schreibweisen, die nicht meine eigenen waren, in mein Schreiben »einzulassen«. In gewissem Sinn hat sie mir einen Weg zu neuen Erfahrungen von Anderssein (*otherness*) eröffnet.

Die Beschäftigung mit den verschiedenen Themen und Ausprägungen der Kultur der Blockade, mit ihren unzähligen Geschichten, ihren Persönlichkeiten, begleitet mich bis heute. Diese historische Epoche bietet eine unerschöpfliche Erfahrungsfülle – es ist eine Zeit radikaler, paradoxerweise meist tödlicher Intensität, die zugleich völlig neue Kunstformen hervorgebracht hat.

Amherst, im Juni 2020

Olga Radetzkaja

»Ich wollte alle sein«

Nachbemerkung zu Polina Barskovas
Lebenden Bildern

Polina Barskova ist in ihrem Leben schon manches
gewesen. Ein »Kinderstar« der russischen Lyrik: ihr
erstes Gedicht erschien, als sie sieben Jahre alt war,
den ersten Gedichtband veröffentlichte sie mit fünfzehn, den zweiten mit siebzehn Jahren. Altphilolo-
gin: ihr Studium an der Universität Sankt Petersburg
schloss sie 1998 ab. Und Slawistin: 2006 wurde sie
an der University of California in Berkeley pro-
moviert; im Herbst 2021 kehrt sie als Professorin
dorthin zurück. Der Schwerpunkt ihrer Forschung,
die Leningrader Spätavantgarde, hat sich in den
vergangenen fünfzehn Jahren mehr und mehr auf
die Zeit der Blockade Leningrads (1941-1944) ver-
schoben; den Auslöser dafür beschreibt sie im Post-
scriptum zum vorliegenden Band. Heute gilt Polina
Barskova als eine der international führenden Spezi-
alistinnen für die Kultur der Blockadezeit, sie hat
eine ganze Reihe von Aufsätzen, Büchern und An-
thologien zum Thema publiziert. Parallel dazu erschienen kontinuierlich weitere Gedichtbände, der
letzte 2017.

Lebende Bilder, ihr erster Prosaband, ist das Dokument und Ergebnis eines Dammbruchs, der sich um das Jahr 2013 ereignete: Die Lyrikerin und die Literaturwissenschaftlerin in ihr, so schreibt Barskova selbst, waren kollidiert, die Grenze »zwischen Forschung und Erfindung, zwischen Archiv und Inspiration« löste sich auf. Was aus diesem Zusammenfluss entstand, entzieht sich der einfachen Kategorisierung; der Form nach sind es (mit Ausnahme des titelgebenden Dramoletts) Geschichten, aber von klassischer erzählender Prosa sind sie weit entfernt.

Wie sind diese Texte gemacht? Der erste Eindruck ist der einer verwirrenden Stimmenvielfalt, die die Erzählung begleitet, unterbricht, übertönt, oft auch ganz ersetzt. Man hört halblautes Gemurmel, vereinzelte Schreie, unartikuliertes Summen und Stöhnen, leiernd vorgetragene Lexikoneinträge, Gesprächsfetzen, hier ein plötzliches Gelächter, dort ein deklamiertes Gedichtfragment oder ein Schluchzen, das in Knurren übergeht. Wer spricht? »Kraftlose Häupter«, wie es in »Persephones Hain« (und in Homers *Odyssee*) heißt, die Schatten der Toten im Hades – und jeder von ihnen hat »seine eigene Geschichte, seine Klage, seine Pose, seinen Pitch«: Der eloquente Literaturwissenschaftler Dmitrij Maximow, der seine so ganz anderen, sperrig-kargen Gedichte der Blockadezeit ein Leben lang geheim hielt, die Autoren und Antipoden Witalij Bianchi und Jewgenij Schwarz, die

Brüder Jakow und Michail Druskin, der eine Philo-
soph, der andere Musikwissenschaftler, der Dichter
Daniil Charms und seine Witwe Marina Durnowo,
der Maler und Schriftsteller Pawel Salzman ... Viele
der Künstler, aber auch der gewöhnlichen, unbekann-
ten Bewohner des belagerten Leningrads, mit denen
Barskova sich beschäftigt hat, haben in ihrem Prosaband explizit oder implizit einen Auftritt.

Dazu kommen Gestalten aus der älteren Petersburger Kultur: Alexander Blok, Michail Kusmin, Ossip
Mandelstam, der Dante-Übersetzer Michail Losinskij, Dmitrij Schostakowitsch und sein Freund, der
Musikwissenschaftler Iwan Sollertinskij, und viele
andere, deren Namen fallen oder auch nicht. Sowie,
im Hintergrund, der klassische russische literarische
Kanon: Puschkin, Dostojewskij, Gogol, Tjuttschew,
Tolstoj. Aber auch der Zauberer von Oz, Modern
Talking, die Götter und Helden der griechischen An-
tike, Alexandre Dumas, die Leniniana der Kinderlite-
ratur, Joe Dassin spielen mit. Desgleichen Anaïs Nin,
Jorge Amado. Pablo Picasso, Arshile Gorky. Primo
Levi. Marquis de Sade.

Das alles ist kein postmoderner Zitatengarten, keine beliebige Intertextualität um der Intertextualität
willen, sondern ein Chor, der den historischen und
gegenwärtigen Raum einer Stadt hörbar macht und
den weiteren Raum zwischen dieser Stadt und der
neuen Welt ihrer ehemaligen Bewohnerin: durch *Per-*

sephones Hain bewegt die Protagonistin sich auf den Straßen von San Francisco.

Das Erzählen bietet also eine Bühne für das Heraufbeschwören und Vergegenwärtigen von verlorenen Stimmen, verlorenen Dingen – darin gleichen die *Lebenden Bilder* Maria Stepanovas *Nach dem Gedächtnis,* das auf ganz andere Art ebenfalls persönliches und historisches Gedächtnis verbindet. Zum anderen bildet es die locker gewebte Basis für Barskovas kämpferisches Spiel mit der Sprache: »Die Sprache, die ich in diesem Band zu schaffen versucht habe, ist eine Sprache des *Dazwischen,* ich schreibe zwischen Prosa und Lyrik, Fiction und Non-Fiction, auf dem Territorium des Traumas von Scham, Hunger und Wahnsinn, das die Blockade hinterlassen hat.«

Zwischen Prosa und Lyrik – bei Barskova hat das nichts mit Unentschiedenheit oder verschwommen Gefühligem zu tun, vielmehr sind ihre Arbeiten bis ins Kleinste geformt, der Morbidität des Themas steht eine überbordende vitale Gestaltungskraft gegenüber. Sie legt Netze von Wiederholungen aus – manche davon durchziehen und umspannen das ganze Buch, binden die in Tonalität und Charakter höchst ungleichen Stücke aneinander, andere – oft sind es paarweise auftretende Wörter – verdichten den einzelnen Text, heften die scheinbar disparaten Motive und Assoziationen zusammen.

Die Wortform erzeugt die Bewegung, der das Erzählen folgt, vom »Vergeber« zum »Vergröberer«, von *plastika* / Pose zu *plastinka* / Pitch. Der Klang ist von zentraler Bedeutung: nicht im Sinn von Klangschönheit, Melodik, Rhythmik (die gibt es auch, aber sie steht nicht im Vordergrund), sondern als Weg zur Erkenntnis, als Sinngenerator, der ganz eigene Verbindungen herstellt. Er bahnt den Weg in die intimste – eigene und fremde – körperliche und emotionale Erfahrung. Im thematischen Zentrum der *Lebenden Bilder* stehen Schmerz und Scham, in dieses Zentrum führt jeder ihrer Wege und Umwege. Auf dem »Territorium des Traumas« haben diese Texte sich so häuslich eingerichtet, wie es eben geht, das heißt, sie behaupten – im doppelten Wortsinn – eine Vertrautheit mit dem Ungeheuerlichen, die oft schockierend wirkt. Das »Abjekte« (Julia Kristeva), die verdrängte, verworfene, zugleich bedrohliche und anziehende Erfahrung, manifestiert sich vielleicht gerade dort am schärfsten, wo das Grauen der Blockade sich mit der autofiktionalen Grauzone privater Leiden und Leidenschaften der Figuren wie auch der Persona der Autorin mischt, wo Pein und Peinlichkeit sich überlagern, wo die Erzählerin sich entblößt und gerade dadurch auf überraschende Weise der Scham ihrer Protagonisten annähert.

All das hat etwas durchaus Gewaltsames. Polina Barkova reißt Grenzen ein: zwischen Geschichte und Gegenwart, eigenem und fremdem Schreiben, Traumatischem und Banalem, Objekt und Subjekt. Der Satzzeichenschwund, den sie in Tagebüchern der Blockadezeit beobachtet (»Kommas und Gedankenstriche werden blasser und straucheln, machen keinen Sinn mehr, hören auf zu atmen, zerfließen«), greift auf ihre eigenen Texte über. Gewalt zeigt sich an der Sprache und als Sprache: in den Adjektivhäufungen (»weichen weißen heißen femininen starken trockenen Händen«), den hartnäckigen Doppelungen (»hinab hinab«, »belog belog«), dem gezielten Zuviel, aber auch in brachialen Verkürzungen (»wenn er träumte, dann davon, wenn er in seine kränkliche blässliche Frau eindrang, dann davon«), bewusst gesetzten Anglizismen (»Sinn machen«, »sich frei fühlen«) und in Komposita, die keine sind. Das Erzählen ist, von dieser Seite her betrachtet, vielleicht nur eine Finte, um die Leserin in diesen sprachlichen Raum der Intensität und Intimität hineinzulocken.

Überdeterminierung als Organisationsprinzip ist in der Literatur eher die Regel als die Ausnahme. Wo Vielstimmigkeit und Mehrdeutigkeit aber so hochdosiert auftreten wie bei Polina Barskova, wo sich aus jedem Punkt so viele Blickrichtungen öffnen und die Wörter untereinander so viele parallele Gespräche führen, bekommt die Arbeit der Übersetzerin etwas Akrobatisches: Sie muss einerseits pedantische Wortlisten führen, Zitate aufspüren und sorgfältig jede der intrikaten Kreuz- und Querverbindungen nachverfolgen, andererseits den eigenen Sprachsinn an der sehr langen Leine führen, ja ihn oft ganz von der Leine lassen und darauf vertrauen, dass er den Weg zum Text wiederfindet.

Eine »andere Freiheit«, eine »andere Konzentration« zeichneten ihre Prosa gegenüber den Gedichten aus, sagt die Autorin in einem Interview, und darum, um Freiheit und Konzentration, geht es auch in der Übersetzung. Um die Sprünge zwischen Schmerz, Lust und Gelächter, zwischen wortlosem Grauen und komischem Detail mitzuvollziehen und den Bildern tatsächlich Leben einzuhauchen, wird notgedrungen der eigene Sprachspeicher geplündert: zitierend, kalauernd, alliterierend, verdichtend. Für die Übersetzerin ist diese Vielstimmigkeit ein Glücksfall, denn sie will, wie Totja, die Protagonistin des Schluss-Dramoletts, »alle sein: das Räubermädchen, aber auch Gerda und auch die Schneekönigin«.

INHALT